物流服务与管理专业新形态一体化系列教材

运输实务

主　编　孙明贺　赵振波
副主编　户景峰　苏国锦　孔月红
参　编　曲　萌　谢钰童　范　崩　张　莉

内 容 简 介

本教材遵照当前物流企业对物流从业人员的专业能力、社会能力和方法能力的要求，对应企业运输相关的工作岗位，介绍运输管理的基本理论知识以及训练学生基本操作技能，并通过过程学习提升学生的综合能力和职业素养。全书共八个项目，主要包括走进运输（运输概论）、公路运输、铁路运输、水路运输、航空运输、国际多式联运、特殊货物运输、运输保险及索赔等内容。该教材适用于中等职业院校物流类服务与管理专业及其他相关专业的教学使用，也可供五年制高职学生使用，并可作为社会物流从业人士的参考教材。

版权专有　侵权必究

图书在版编目（CIP）数据

运输实务 / 孙明贺，赵振波主编. -- 北京：北京理工大学出版社，2022.11

ISBN 978-7-5763-1815-9

Ⅰ.①运… Ⅱ.①孙… ②赵… Ⅲ.①货物运输-教材 Ⅳ.①U

中国版本图书馆 CIP 数据核字（2022）第 205764 号

责任编辑： 封　雪		**文案编辑：** 毛慧佳	
责任校对： 刘亚男		**责任印制：** 李志强	

出版发行 / 北京理工大学出版社有限责任公司	
社　　址 / 北京市丰台区四合庄路 6 号	
邮　　编 / 100070	
电　　话 / （010）68914026（教材售后服务热线）	
（010）68944437（课件资源服务热线）	
网　　址 / http://www.bitpress.com.cn	
版 印 次 / 2022 年 11 月第 1 版第 1 次印刷	
印　　刷 / 定州市新华印刷有限公司	
开　　本 / 889 mm×1194 mm　1/16	
印　　张 / 14	
字　　数 / 281 千字	
定　　价 / 45.00 元	

图书出现印装质量问题，请拨打售后服务热线，负责调换

Preface

前言

运输是国民经济的基础和先行条件，它可以创造出商品的空间效用和时间效用。没有现代化的交通运输，经济活动就要停止，社会再生产也无法进行。2021年"两会"通过的《中华人民共和国国民经济和社会发展第十四个五年规划和2035年远景目标纲要》中提出"构建基于5G的应用场景和产业生态，在智能交通、智慧物流、智慧能源、智慧医疗等重点领域开展试点示范"，"加快交通、能源、市政等传统基础设施数字化改造，加强泛在感知、终端联网、智能调度体系建设"。可见，运输，特别是数字化运输将在未来的经济发展中起到巨大的推动作用。

习近平总书记在党的二十大报告中明确指出："建设现代化产业体系，坚持把发展经济的着力点放在实体经济上，推进新型工业化，加快建设制造强国、质量强国、航天强国、交通强国、网络强国、数字中国。"可见，运输，特别是数字化运输将在未来的经济发展中起到巨大的推动作用。

本教材正是顺应数字化运输发展的新需求，以运输运营过程中的典型工作任务为载体，通过任务介绍、知识链接、任务实施、任务评价来引导学生进行行动式、体验式的学习与实践，让学生了解和掌握货运企业的流程运作，掌握公路运输、铁路运输、航空运输、海洋运输及国际多式联运的特点、运营过程以及运费计算方法，掌握运输保险及运输事故处理、索赔等。

本教材在内容上通过案例导入，对标"1+X"和技能大赛标准提升学生业务能力和解决问

题的能力。本教材中案例所涉及的公司名称、地址、联系人及电话等信息均为虚构。

本教材由河北经济管理学校孙明贺、东营市垦利区职业中等专业学校赵振波担任主编，由河北经济管理学校户景峰、苏国锦和南京铁道职业技术学院孔月红担任副主编。深圳怡亚通供应链有限责任公司范崩、河北经济管理学校曲萌、谢钰童和沈阳现代制造服务学校张莉也参与了本教材的编写。其中，赵振波、曲萌老师负责项目1的编写，谢钰童、苏国锦老师负责项目2、项目3的编写，孔月红老师负责项目4的编写，孙明贺老师负责项目5、项目6、项目7的编写，户景峰、张莉老师负责项目8的编写。特别感谢深圳怡亚通范崩、李铁光先生，北京九州通医药有限公司巴英女士等企业专家提供的案例支持和技术指导。

在编写过程中，编者参考了大量的文献资料，在此向相关作者表示诚挚的谢意。

由于编者水平有限，书中难免有疏漏之处，敬请广大读者批评指正。

编　者

Contents
目录

项目1　走进运输 　　1
　　任务1　认识货物运输 …………………………………………………………… 2
　　任务2　选择物流运输方式 ……………………………………………………… 8
　　任务3　承揽货物运输业务 ……………………………………………………… 16
　　任务4　签订货物运输合同 ……………………………………………………… 21

项目2　了解公路运输 　　29
　　任务1　认识公路货物运输 ……………………………………………………… 30
　　任务2　操作公路整车货物运输 ………………………………………………… 35
　　任务3　操作公路零担运输 ……………………………………………………… 44
　　任务4　计算公路货物运输费用 ………………………………………………… 49

项目3　了解铁路运输 　　53
　　任务1　认识铁路货物运输 ……………………………………………………… 54
　　任务2　办理铁路运输业务 ……………………………………………………… 67
　　任务3　操作铁路零担运输 ……………………………………………………… 75
　　任务4　计算铁路货物运输运费 ………………………………………………… 83

项目 4　了解水路运输　　97

　　任务 1　认识水路货物运输 …………………………… 98
　　任务 2　组织班轮运输 ……………………………… 106
　　任务 3　组织租船运输 ……………………………… 115
　　任务 4　缮制海运单证 ……………………………… 123
　　任务 5　计算水路运输运费 ………………………… 129

项目 5　了解航空运输　　138

　　任务 1　认识航空货物运输 ………………………… 139
　　任务 2　操作航空货物运输 ………………………… 145
　　任务 3　计算航空运输费用 ………………………… 152
　　任务 4　缮制航空运单 ……………………………… 159

项目 6　了解国际多式联运　　166

　　任务 1　认识国际多式联运 ………………………… 167
　　任务 2　操作国际多式联运 ………………………… 173

项目 7　了解特种货物运输　　182

　　任务 1　组织特种货物运输 ………………………… 183
　　任务 2　操作集装箱货物运输 ……………………… 189

项目 8　办理运输保险及索赔　　200

　　任务 1　了解货物运输保险 ………………………… 201
　　任务 2　处理索赔与投诉 …………………………… 211

参考文献　　217

项目 1

走进运输

项目简介

运输是人类社会的基本活动之一，是生活中必不可少的一部分。本项目旨在带领学生走进运输，培养学生拥有选择合适的运输方式的技能，并介绍了承揽运输业务和签订运输合同的相关知识。

学习目标

知识目标：
- 掌握运输的概念；
- 掌握运输的功能；
- 掌握5种运输方式的特点。

能力目标：
- 能够合理选择运输方式；
- 能够绘制运输流程图；
- 能够看懂运输合同。

素养目标：
- 通过了解运输、培养遵守交通规则、安全操作等安全意识；
- 通过选择运输方式，培养成本节约意识、创新意识和团队协作意识；
- 培养吃苦耐劳、诚实守信的良好品质；
- 具有社会责任感；

运输实务

- 通过了解青藏铁路建设过程,树立民族大团结的意识;
- 通过对运输合同的了解培养合约精神;
- 理解党的二十大报告中明确提出的加快推动交通运输结构调整优化的意义。

任务1　认识货物运输

任务描述

认识货物运输

青藏铁路建设为西藏高原提供了发展机遇

截至2020年年底,青藏铁路格拉段、拉日铁路已分别运营14年、6年有余,青藏铁路格拉段扩能改造工程建成投入运营,运营总里程达954km,货物到发总量和旅客发送量呈稳步增长态势。川藏铁路拉萨至林芝段已铺轨完成,雅安至林芝段也开工建设,一批重大铁路项目陆续开工建设或即将投入运营,为西藏经济的发展注入了新的动力。

道路通,百业兴。随着西藏铁路事业的快速发展,全区交通路网布局将进一步优化,人民群众的出行条件将得到进一步改善。

(来源:西藏日报)

请同学们一起思考修建青藏铁路的意义。

知识链接

一、物流运输的概念

运输是人和物的载运及输送。在本书中,运输专指"物"的载运及输送,它是在不同地域范围间,以改变"物"的空间位置为目的的活动,是对"物"进行的空间位移。按照《中华人民共和国国家标准物流术语》(GB/T 18354—2021)中对运输的定义,其是指利用载运工具、设施设备及人力等运力资源,使货物在较大空间上产生位置移动的活动。

二、运输的地位、特点与功能

(一)运输的地位

1. 运输是物流的主要功能要素之一

物流是"物"的物理性运动,这种运动不但改变了物的时间状态,也改变了物的空间状态。运输承担了改变空间状态的主要任务，是改变空间状态的主要手段，再配以搬运、配送等活动，就能圆满完成改变空间状态的全部任务。在现代物流观念诞生之前，甚至直至今天，仍有不少人将运输等同于物流，主要是因为物流中的很大一部分功能是由运输承担的，即运输是物流的主要组成部分，所以人们才会产生这样的认识。

2. 运输是社会物质生产的必要条件之一

运输是国民经济的基础。马克思之所以将运输称为"第四个物质生产部门"，是因为他将运输看成生产过程的继续，这个继续虽然以生产过程为前提，但如果没有它，生产过程便不能完成。运输不同于一般生产活动（它不创造新的物质产品，既不增加社会产品的数量，也不赋予产品以新的使用价值，只变动其所在的空间位置），能使生产继续下去，不断推进社会再生产，所以其是一种物质生产部门。运输作为社会物质生产的必要条件，表现在以下两个方面。

（1）在生产过程中，运输是生产的直接组成部分，若没有运输，生产内部的各环节就无法联系。

（2）在社会活动中，运输是生产过程的继续，它连接着生产与再生产、生产与消费的各个环节，连接着国民经济各部门、各企业，连接着城镇与乡村，连接着不同国家和地区。

3. 运输可以创造"场所效用"

同种"物"由于所处的空间场所不同，其使用价值的实现程度不同，其效益的实现程度也不同。由于改变场所而最大限度地发挥使用价值，最大限度地提高产出投入比，这就称为场所效用。通过运输，将"物"运到场所效用最高的地方，就能发挥"物"的潜力，实现资源的优化配置。从这个意义上来讲，相当于通过运输提高了物的使用价值（图1-1）。

图1-1 产品效益由于所在地的改变得到提升

4. 运输是"第三个利润源"的主要源泉

（1）运输是运动中的活动，它和静止的保管不同，要消耗大量的动力才能实现，而运输又承担了大跨度空间转移的任务，所以活动的时间长，里程长，消耗的动力也大。

（2）从费用来看，运费在全部物流费用中占比最高。在综合计算社会物流费用时，运费占比通常接近50%，有些产品的运费甚至高于生产费。

（3）由于运输的总里程长，运输总量巨大，通过体制改革与运输合理化，可大大减少运输吨公里①数，从而达到节约成本的目的。

---

① 货物运输的计量单位。

（二）运输的特点

（1）运输是在物品的流通领域内进行的，是生产过程在流通过程中的继续。

（2）运输不会产生出任何新的有形物品，但它改变了物品的位置，因此，运输物品就是实现物品的"位移"。

（3）运输使投入流通领域的物品发生位置移动，从而将生产过程和消费过程连接起来，使物品的使用价值得以实现。

（4）在运输费用中，没有原料费用，固定资产的折旧和支付给货车司机的工资是运输的主要费用。运输的流动资金主要包括燃料和辅助材料，不包括原料和成品。

（5）运输物品由于具有特殊性，既不能存入仓库，也不能积累，只能储备一定的生产能力，即运输能力。运输的特点见表1-1。

表1-1　运输的特点

所处环节	流通领域
生产产品	"位移"
产生费用	固定资产折旧和工资
生产能力	运输能力
作用	实现产品的使用价值

（三）运输的功能

1. 物品转移

实现物品远距离的位置移动，创造物品的空间效用，或称为场所效用。所谓空间效用，是指物品处于不同位置时，其使用价值实现的程度不同，即效用价值不同。

2. 物品储存

如果移动中的物品需要储存，且在短时间内又需要重新转移，而卸货和装货的成本费用也许会超过储存在运输工具中的费用，此时可将运输工具作为暂时的储存场所（图1-2）。

图1-2　物品移动示意

（四）运输与物流各环节的关系

运输与物流之间的关系是系统要素和系统整体之间的关系。物流是由运输、储存、装卸、搬运、包装、配送、流通加工、信息处理等功能要素组成的一个系统。运输是物流系统中重要的功能要素。只有掌握了运输与其他物流活动之间的关系，让各种物流活动相互支持，才能充分发挥运输的作用。

1. 运输与包装的关系

运输与包装相互影响。运输方式决定对货物的包装要求，包装有利于运输功能的实现，货物工业包装的方法、规格、材料等都从不同程度上影响运输的效率。

2. 运输与装卸搬运的关系

只有在有效的装卸搬运的支持下才能实现高水平的运输活动。装卸搬运作业是随运输和保管过程而产生的附属性、伴生性的必要活动，是物流每项活动的开始和结束时必然发生的活动，是决定物流速度的关键。两者的关系主要体现为：装卸活动是影响运输效率、决定物流技术经济效果的重要环节；运输方式作为支持、保障性活动，决定了配套使用的装卸搬运设备的选择；运输活动的各环节在过渡时，都靠装卸搬运来衔接。

3. 运输与仓储的关系

运输与仓储是物流的两大根本经济支柱，作为物流的主要功能，分别承担创造物流"空间效应"和"时间效应"的主要作用。对于仓储来说，其储存功能起到调节运输的作用，为现代企业追求"零库存"管理提供了快速、可靠的运输前提。对于运输来说，运输工具充当临时的机动储存设施，如果运输途中的货物中途改变运输方式，运输的衔接可以依靠途中的储存来进行，从而创造出"时间效应"。发达的运输系统能够适量、快速和可靠地补充库存，从而降低货物的库存量。

4. 运输与配送的关系

配送是物流中的一种特殊的、综合的物流活动形式，是在传统的送货基础上发展起来的，是商流与物流的结合。生产厂家到配送中心之间的物品空间位移叫"运输"，而从配送中心到消费者之间的物品空间位移叫"配送"，两者既有联系又有区别（表1-2）。

表1-2　运输与配送的关系

物流活动类型	运输	配送
商物分离	运输是商物分离的产物	配送是商物合一的产物
管理重点	效率、效益优先	服务优先
运输性质	干线运输	支线运输、末端运输

续表

物流活动类型	运输	配送
货物类型	少品种、大批量	多品种、小批量
运输工具	大型货车、其他运输工具等	小型货车
附属功能	装卸、捆包	装卸、保管、包装、分拣、流通加工、订单处理等

任务实施

步骤一：了解任务，收集资料，了解青藏铁路建设的背景

西藏自治区由于交通运输设施落后，已经严重制约了这一地区经济、社会的发展，使之成为我国主要的贫困地区之一。随着西部大开发战略的实施，运往西藏的物资大幅度增加，西藏原有的以青藏公路为主体的运输通道无论从运能、运量方面看，还是从运输的快捷、方便角度看，都远远不能满足经济发展的迫切要求。建设青藏铁路，是克服当时交通的"瓶颈"，加快青海、西藏两省区经济发展，促进西部大开发的客观需要，修建青藏铁路已是势在必行。

步骤二：分析青藏铁路建设的意义

青藏铁路是中国21世纪四大工程之一，是通往西北腹地的第一条铁路，也是世界上海拔最高、线路最长的高原铁路。

（1）青藏铁路是一项投资巨大、举世瞩目的世纪工程，其经济效益和社会效益在一定程度上将通过旅游业来实现。青藏铁路沿线的车站、桥梁、隧道等，将成为独具浓郁民族特色的标志性建筑景观，而沿线独具魅力的高原风光和人文景观，将因为青藏铁路的建成通车而显现生机。

（2）青藏铁路的建成通车，不仅大幅提高了西藏的区位指数，增强了区域开发能力，还有效加强了西藏与西南、西北的联系，与关中经济区、成渝经济区的融合程度大为提高。

（3）有利于加强对外贸易，缩短了与其他国家的贸易时间和路程，推动了经济的发展，加强了与其他国家的联系，促进了国际友好关系。

（4）建设青藏铁路，也是加强国内其他地区与西藏的联系，促进藏族与其他各民族的文化交流，增强民族团结的需要。

步骤三：百年发展看民族进步（青藏铁路：雪域天路书写奇迹）

2005年8月，青藏铁路在海拔5 072m处成功铺轨，刷新了世界铁路最高点纪录。

1 300多年前，文成公主出长安（今西安），至鄯城（今西宁），穿过茫茫藏北草原，历时近3年，终抵逻些（今拉萨）；700多年前，西藏宗教界领袖萨迦班智达从拉萨北上，经那曲，越过青藏高原，经3年赶到凉州（今甘肃武威）会见蒙古王子阔端，促使西藏成为元朝中央政府直接治理下的一个行政区域。直至70多年前，将货物从拉萨运到青海西宁或四川雅安，依然全靠人背畜驮，往返需要半年到一年。

建设一条通往西藏的铁路，是几代中国人的夙愿。1919年，孙中山先生在《建国方略》中第一次提到关于"拉萨兰州线"设想。当时的《纽约先驱报》记者端纳听后觉得难以置信："那个地方连牦牛都上不去，怎么可能架设铁路呢？"中华人民共和国成立后，"铁路进藏"的梦想付诸行动。1958年，党中央决定建设青藏铁路西宁至格尔木段。1984年5月，青藏铁路西宁至格尔木段建成通车。进入21世纪，党中央从推进西部大开发、实现各民族共同发展繁荣的大局出发，作出了修建青藏铁路格尔木至拉萨段的重大决策。

2001年6月29日，经过长时间的准备，青藏铁路格尔木至拉萨段建设工程在格尔木和拉萨同时开工。13万名青藏铁路建设者发扬"挑战极限，勇创一流"的青藏铁路精神，历经5年的艰苦奋战，于2006年7月1日实现了青藏铁路的全线通车。

全长1 956km的青藏铁路，是通往西藏的第一条铁路，也是世界上海拔最高、线路最长的高原铁路。青藏铁路建设者克服了多年冻土、生态脆弱、高寒缺氧三大世界性工程难题，创造了世界铁路修筑史上的奇迹。

这是一组令人惊叹的数据：铁路穿越海拔4 000m以上里程达960km，最高点海拔为5 072m；铁路穿越多年连续冻土里程达550km。海拔5 068m的唐古拉站，是世界上海拔最高的铁路车站；海拔4 905m的风火山隧道，是世界上海拔最高的冻土隧道。

今日的西藏，迢迢"天路"通高原：公路通车里程达11.88万km，建制村村通公路；5个地市实现了铁路通达，运营里程近1 400km……一个涵盖公路、铁路、航空、管道等多种运输方式的综合立体交通网络日渐完善。

在中央政府的支持和全国各地支援下，西藏基础设施的建设实现了跨越式发展。自西藏和平解放70多年来，中央政府累计投入1.63万亿元，近几年援藏省市总计投入693亿元，其中大量资金用于西藏的基础设施建设，此举有力推动了西藏经济社会的发展，创造了短短几十年便跨越千年的人间奇迹。

步骤四：分享民族大团结的意义（学生讲解）

☞ 【试一试】
请根据本任务介绍的内容，举例分析运输与配送的区别和联系。

任务评价

任务评价见表1-3。

表1-3 任务评价

被评考人		考评任务：认识货物运输			
考评步骤	考评内容及分值	自我评价（30%）	小组评议（40%）	教师评价（30%）	合计得分（100%）
步骤一	认识运输的概念（25分）				
步骤二	清楚运输的分类（25分）				
步骤三	知道货物运输的作用（25分）				
步骤四	熟悉运输与物流各环节的关系（25分）				
综合评定					
考评标准	资料准备	知识掌握	语言表达	团队合作	沟通能力	合计得分
分值	20	30	20	15	15	
注：任务总评得分=考评步骤（70%）+综合评定（30%）			任务总评得分			

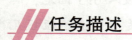 **选择物流运输方式**

运输方式选择

任务描述

北京一达物流运输有限公司位于天津市河东区先锋路中段，以华南、华北、华东、西南、华中为主干线，本着诚信、务实、专业的宗旨，以公路、铁路、水路、航空、管道等多种运输形式服务于客户。全面开拓全国各地的整车、零担业务，做到了天天发车、准点发车、准点到达、保证低价、全程高速、安全快速和送货及时。该公司的航空运输业务网点遍及全国主要城市，拥有直航线路几十条，可以实现快速、及时送货。

2022年9月，从某大学物流专业毕业的李明在经过层层筛选后，被北京一达物流运输有限公司聘用。入职后，部门主管李琦负责对李明进行岗前培训。今天早上，公司接到几单运输信息（表1-4），李琦将其发给李明等人，要求他们根据自己对运输方式的认识来分析使用哪种运输方式最适宜。

项目1 走进运输

表1-4 运输信息

编号	内容
1	把一批贵金属从天津运到北京，要求1日内到达
2	把煤炭从天津运到山东，要求3日内到达
3	把新鲜蔬菜从天津郊区运到市区，要求1日内到达
4	把一批钢材从天津运到厦门，要求5日内到达
5	把一批石油从天津运到新疆，要求5日内到达

知识链接

一、运输的分类

运输的分类方法很多，通常可按运输线路、运输作用、运输的协作程度、运输地域、运输工具及运输设备来划分。

（一）按运输线路的性质划分

按照性质，可将运输划分为干线运输、支线运输、二次运输和厂内运输。

1. 干线运输

干线运输是指利用铁路、公路的主干线路，以及大型船舶的固定航线进行的长距离、大批量的运输，是进行远距离空间位置转移的重要运输形式。

2. 支线运输

支线运输是相对于干线运输来说的，是在干线运输的基础上进行的，对干线运输起辅助作用的运输形式。

3. 二次运输

二次运输是指经过干线运输与支线运输到站的货物，还需要再从车站运至仓库、工厂或集贸市场等指定交货地点的运输。

4. 厂内运输

厂内运输又称为工业运输，是指工厂企业内部在生产过程中所进行的运输，是工厂企业整个生产活动的重要组成部分。

（二）按运输作用划分

按运输作用，可将运输划分为集货运输和配送运输。

1. 集货运输

集货运输是指将分散的货物集聚起来以便进行集中运输的运输方式。因为只有将货物集中起来后，才能利用干线进行大批量、长距离的运输，所以，集货运输是干线大规模运输的一种补充性运输，多是短距离、小批量的运输（图1-3）。

图1-3 集货运输

2. 配送运输

配送运输是指将节点中已按客户要求配装好的货物分送到各个客户处的运输方式。这种运输一般发生在干线运输之后，是干线运输的补充和完善，而且由于其发生在物流运输的末端，所以通常用于短距离、小批量货物的运输（图1-4）。

图1-4 配送运输

（三）按运输的协作程度划分

按运输的协作程度，可将运输划分为一般运输、联合运输和多式联运。

1. 一般运输

所谓一般运输，是指孤立地采用不同运输工具或同类运输工具而没有形成有机的协作关系的运输方式，如单纯的汽车运输、火车运输等。

2. 联合运输

所谓联合运输，是指使用同一运输凭证，由不同的运输方式、不同的运输企业进行有机衔接来接运货物，利用各种运输手段的优势，发挥不同运输工具的效率的一种运输方式。联合运输的方式有铁海联运、公铁联运和公海联运等。使用联合运输方式不仅可以简化托运手续、加快运输速度，还可以节约运费。

3. 多式联运

所谓多式联运，是指根据实际要求，将不同的运输方式组合成综合性的一体化运输，通过一次托运、一次计费、一张单证、一次保险，由各运输区段的承运人共同完成货物的运输全过程，即将运输全过程作为一个完整的单一运输过程来安排的一种运输方式。多式联运是联合运输的一种现代形式，通常在国内大范围物流和国际物流领域广泛使用（图1-5）。

图 1-5 多式联运

(四) 按运输地域划分

按运输地域,可将运输分为国内货物运输和国际货物运输。国内货物运输可分为普通货物运输和特殊货物运输。国际货物运输可分为贸易物资运输和非贸易物资运输,非贸易物资主要包括行李、办公用品、援外物资和展览品等。

1. 国内货物运输

国内货物运输是指运输地域范围仅限于同一国家不同地区之间的运输。

2. 国际货物运输

国际货物运输是指在国家与国家、国家与地区之间的运输。由于国际货物运输中的非贸易物资运输往往只是贸易物资运输部门的附带业务,国际货物运输通常被称为国际贸易运输,对一国来说,国际货物运输就是对外贸易运输,简称外贸运输。

国内货物运输与国际货物运输的特点见表 1-5。

表 1-5 国内货物运输与国际货物运输的特点

项目	国内货物运输	国际货物运输
国际关系	不涉及政策的内部活动	政策性很强的涉外活动
涉及环节	只涉及国内交易环节	涉及报关等多个中间环节
竞争强度	只涉及国内市场竞争	国际市场竞争激烈,时间性强
风险大小	风险较小	距离长、环节多、涉及面广,情况复杂多变,风险较大

(五) 按运输工具及运输设备划分

按运输工具及运输设备,可将运输划分为公路运输、铁路运输、水路运输、航空运输和管道运输五种主要方式。

1. 公路运输

公路运输是指使用汽车或其他运输工具(如人、畜力车)在公路上运送旅客和货物的一种运输方式。它是交通运输系统的组成部分，不仅可以直接运输货物，还是用来在车站、港口和机场集散货物的重要运输手段。

2. 铁路运输

铁路运输是把车辆组成列车载运货物的另一种陆上运输方式，其主要承担大批量、长距离的长途货运任务，是我国重要的货物运输方式之一。

3. 水路运输

水路运输是使用船舶及其他航运工具载运货物的一种运输方式。水路运输可分为四种形式，如图1-6所示。

（1）沿海运输：使用船舶通过陆地附近沿海航道运送货物的一种运输方式，一般使用中、小型船舶。

（2）近海运输：使用船舶通过陆地邻近国家海上航道运送货物的一种运输形式，依航程远近可使用中型船舶或小型船舶。

（3）远洋运输：使用船舶进行的跨大洋的长途运输，主要使用运量大的大型船舶。

（4）内河运输：使用船舶在陆地内的江、河、湖、川等水道进行运输的一种方式，主要使用中、小型船舶。

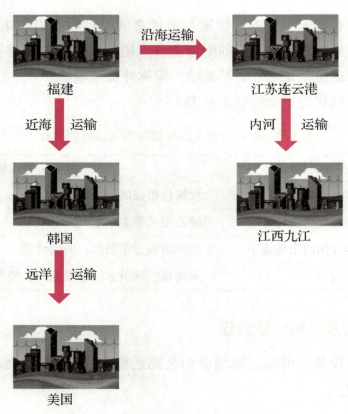

图1-6 水路运输的四种形式

4. 航空运输

航空运输是使用飞机或其他航空器运输货物的一种运输方式。

5. 管道运输

管道运输是利用管道作为运输工具运输气体、液体和粉状固体的一种运输方式。

二、运输方式的特点

运输方式是运输业中由于使用不同的运输工具、设备线路，通过不同的组织管理形成的运输形式。在使用动力机械以前，运输方式以人力、畜力、风力、水力的挑、驮、拉、推为主，有手提肩扛、牲畜驮运等方式。动力机械使用以后，才使运输方式现代化，出现了以公路运输、铁路运输、水路运输、航空运输和管道运输为主的现代运输。

各种运输方式都有自己的特点（表1-6），分别适用于运输不同距离、不同形式、不同运费负担能力和不同时间需求的物品。面对不同货物的运输条件，我们应选择合适的运输方式来运输不同的货物。

表1-6 各种运输方式的特点

项目	公路运输	铁路运输	水路运输	航空运输	管道运输
灵活程度	机动灵活，适应性强	受一定铁路轨道的限制	对运输对象的适应性强	时效快，操作流程少，灵活度高	灵活性差
投资成本	原始投资少，资金周转快	初期投资成本高，建设周期长	能耗低，占地少，运输成本较低	投资成本较高	占地少，建设周期短，投资少，管理方便
运量及运输成本	运量较小，运输成本较高	运输量大，运输成本较低	运输量大，通过能力强，运费低廉	运输量较小，运费较高，不适合运输低价值货物	运量大则运输成本低，运量小则运输成本高
安全性和环境污染	安全性较低，对环境的污染较多	能耗低，对环境的污染少，较安全	受自然条件限制和影响大，遇险可能性大	安全性较高，对环境的污染少	安全可靠，对环境的污染少
便利程度	可实现"门到门"直达运输	准确性和连续性强，速度快，需配合公路运输进行	速度较慢，无法延伸至陆地，需要进行联运	运输速度快，不受地面条件影响，深入内陆地区	可实现不间断运输，效率较高

运输实务

> ☞【试一试】
> 试描述每种运输方式的优缺点。

任务实施

步骤一：分析各种运输方式的适用范围（表1-7）

表1-7 各种运输方式的适用范围

方式	适用范围
航空运输	贵重、急需、数量不大的货物
公路运输	短途、量小、容易死亡或变质的活物、鲜货
铁路运输	远程、量大、容易死亡或变质的活物、鲜货
水路运输	大宗、笨重、远程、不急需的活物
管道运输	流体、气体、粉末状固体

步骤二：根据货物选择运输方式（表1-8）

表1-8 货物及其对应的运输方式

货物	起止地点	运输时间	可选择的运输方式	最佳运输方式及理由
急救药品	广州—北京	1日	航空、铁路、公路	航空（速度快）
煤炭	天津—山东	3日	公路、铁路	铁路（运量大、路程长）
新鲜蔬菜	郊区—市区	1日	公路、铁路	公路（路程短，装卸方便）
钢材	天津—厦门	5日	水路、公路、铁路	水路（运量大，运费便宜）

步骤三：对运输方式进行排序（数值由小到大，表示由优到劣的大体次序）（表1-9）

表1-9 各种运输方式及其优势（数值越小越优）

项目	铁路	公路	河运	海运	航空
运量	2	4	3	1	5
速度	3	2	5	4	1
运价	3	4	2	1	5

项目 1　走进运输

续表

项目	铁路	公路	河运	海运	航空
连续性	1	2	5	4	3
灵活性	3	1	4	5	2

◎【做一做】

为各种货物选择合适的运输方式，并将选择理由填入表 1-10 中。

表 1-10　各种货物的运输方式和选择理由

货物信息	运输方式	理由
把一批贵金属从佳木斯运到北京，要求 1 日内到达		
把一批煤炭从佳木斯运到山东，要求 3 日内到达		
把新鲜蔬菜从郊区运到市区，要求 1 日内到达		
把一批钢材从佳木斯运到厦门，要求 5 日内到达		
把一批石油从佳木斯运往新疆，要求 5 日内到达		

任务评价

任务评价见表 1-11。

表 1-11　任务评价

被评考人			考评任务：选择物流运输方式			
考评步骤	考评内容及分值		自我评价（30%）	小组评议（40%）	教师评价（30%）	合计得分（100%）
步骤一	认识各种运输方式（25 分）					
步骤二	熟悉各种运输方式的特点（25 分）					
步骤三	掌握各种运输方式的功能（25 分）					
步骤四	能够根据情况选择运输方式（25 分）					
综合评定						
考评标准	资料准备	知识掌握	语言表达	团队合作	沟通能力	合计得分
分值	20	30	20	15	15	
注：任务总评得分=考评步骤（70%）+综合评定（30%）				任务总评得分		

任务3 承揽货物运输业务

任务描述

承揽运输业务

货拉拉平台承揽运输业务

近年来,市场上出现了各种各样的专门用来帮助人们搬运物品的物流平台。货拉拉就是其中之一。作为一家物流货运平台,货拉拉在诸多方面都表现得可圈可点。

货拉拉为满足客户的不同需求,准备了多种车型供大家选择,从普通的面包车到13m长的货车,应有尽有。与此同时,货拉拉的服务范围也很广,无论是个人搬家,还是企业运输,只要客户有需求,均能提供相应的服务。货拉拉自成立以来,就一直以"货物出行更轻松"为使命,全心全意投入客户服务。其业务范围目前已覆盖同城/跨城货运、企业版物流服务、搬家、零担、汽车租售及车后市场服务等多个领域。

思考:货拉拉是如何实现在运输行业中快速发展的?

知识链接

一、运输市场的构成

运输需求和运输供给构成了运输市场。狭义的运输市场是指运输劳务交换的场所,该场所为货主、旅客、运输业者、运输代理者提供交易空间。广义的运输市场则包括运输参与各方在交易中所产生的经济活动和经济关系的总和,即运输市场不仅包括运输劳务交换的场所,还包括运输活动的参与者之间、运输部门与其他部门之间的经济关系。

运输市场是多层次、多要素的集合体,主要由以下几部分组成。

1. 需求方

需求方包括各种经济成分的客货运输需求单位和个人,如托运人和收货人。托运人通常是被托运货物的卖方,收货人通常是买方,两者都是运输市场运输服务的购买者。在规定时间内以最低的成本将货物从起始地转移到目的地,是托运人和收货人的共同目的。运输服务中应包括具体的提取货物和交付货物的时间、预计转移的时间、货物破损率,以及精确与实时的交换装运信息和签发单证等工作。

2. 供给方

供给方是指提供客货运输服务的各种运输方式的运输业者，即承运人。

承运人作为运输市场上运输服务的提供者，期望以最低的成本完成所需的运输服务，以获得最大的运输收入。承运人应尽量使转移货物所消耗的劳动、燃料和运输工具成本最低，又要按照托运人（或收货人）所愿意支付的最高费率收取运费。为获取最大利益，承运人期望在提取和交付时间上能有灵活性，以便将零散货物整合成批量货物进行集中运输。

3. 中介方

中介方包括在运输需求和供给双方之间穿针引线、提供服务的各种客货代理企业、经纪人和信息服务公司。

4. 政府

运输作为一种特殊的服务商品，涉及的社会面广，难以控制，需要接受政府的干预，于是政府成为运输市场中的一个重要角色。政府代表国家（即一般公众利益）对运输市场进行调控，包括工商、财政、税务、物价、金融、公安、监理、城建、标准、仲裁等机构和各级交通运输管理部门。

5. 公众

与大多数商品的买卖不同，因为运输和环境密切相关，随着公众环保意识的增强，运输决策也受到公众的影响。作为直接参与者的公众会关注运输的可得性、费用和效果，而没有直接参与的公众也会关心环境和安全方面的问题。

综上所述，在运输市场中，需求方、供给方、中介方直接从事客货运输活动，属于行为主体，政府和公众作为参与者也对运输活动施加影响。

二、运输市场的分类

按照不同的标准，运输市场可以分为各种类别。

（1）按照运输市场涉及的运输方式分类，可分为包括两种或两种以上运输方式的不同方式间运输市场和某一种方式内的运输市场，如铁路运输市场、公路运输市场、航空运输市场、水路运输市场等。

（2）按照运输距离的远近分类，可分为短途、中途和长途运输市场；也可按运输市场的空间范围，分为地方运输市场、跨区运输市场和国际运输市场，国际运输市场又包括定期航班市场和包机船市场等。

（3）按照运输市场与城乡的关系分类，可分为市内运输市场、城市间运输市场、农村运输市场和城乡运输市场等。

（4）按照运输市场的客体结构分类，可分为基本市场和相关市场（图1-7）。

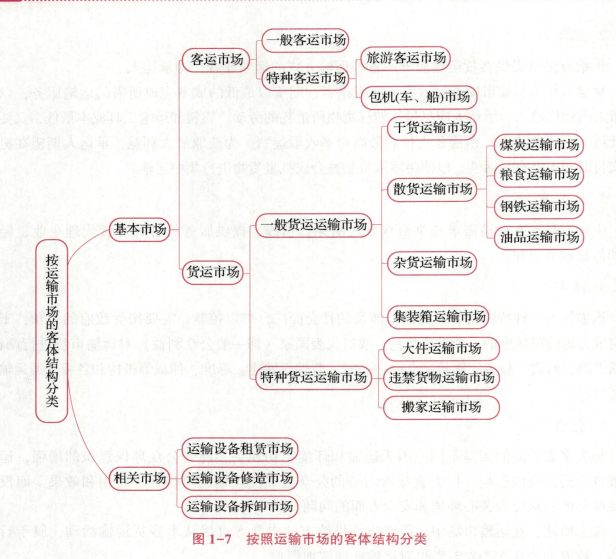

图 1-7 按照运输市场的客体结构分类

（5）按照运输市场的竞争性分类，可分为垄断运输市场、竞争运输市场、垄断竞争市场和寡头垄断市场等。

（6）按照时间要求分类，可分为定期运输市场、不定期运输市场、快捷运输市场等。

上述分类往往还可以交叉进行，如长途客运市场、短途客运市场，水运长途客运市场、水运短途客运市场，水运长途货运市场、公路长途客运市场，定期船市场、不定期船市场等。

三、运输市场的竞争

市场经济本质上是一种竞争经济，竞争机制在其中起着重要的作用。竞争可以促使企业间的资源优化配置，更好地参与市场化经营。在各种竞争中，运输企业所面临的竞争更具有特殊性，不仅参与不同运输方式和同类运输方式之间的运输市场竞争，还要投入多元经济市场的竞争中。

1. 运输方式的竞争

由于各种运输方式均存在可替代性，运输企业面临不同运输方式和相同运输方式之间的竞争。交通运输企业，需要根据市场不断变换自己的运输对象、运输工具、运行路线等以满足需求方不断变化的需求，与其他交通运输企业进行竞争。需要指出的是，为满足社会经济生活对人和货物高效率的空间位移的需要，各种运输方式之间的相互衔接、协调发展和交通运输业协调统一已成为交通运输业发展的主要趋势。

2. 运输价格的竞争

对于运输方式相似的运输服务，运价是各运输企业竞争的核心，也是需求方选择承运人的重要因素之一。因此，价格因素的合理调节和运用便成为运输企业提升竞争优势、把握市场竞争力的关键措施。运输企业应加强企业管理，通过集约化、规模化和高效化经营，以先进的技术为基础，以科学的管理为手段，在为需求方提供同等效益的前提下，做到使价格相对低廉，这样才能在价格竞争中拥有优势。

3. 运输质量的竞争

服务质量的不断改进和提高是运输企业提升核心竞争力的关键要素。运输质量主要涵盖正点交付、货损货差少、便捷性、可靠性和联运直达等。当前，各种运输企业在服务质量方面的竞争主要是通过广泛推行服务承诺、改善服务设施、改进服务方式和增设服务项目等来创造企业的服务优势和提升企业的竞争力。另外，服务质量也是需求方选择承运人的重要因素之一，谁的服务质量高，谁能为需求方提供更方便的条件，谁就容易吸引更多的客户，占有更多的市场份额。

☞【试一试】

请根据本任务介绍的内容调查本地区的运输市场供需情况。

任务实施

步骤一：货拉拉打造出了一套属于自己的运输体系

货拉拉通过传统运输业与互联网相结合的模式，打造出了一套属于自己的运输体系。货拉拉的运输网络能够帮助用户更快、更好地匹配到运输工具，从而得到更好的体验。在软件上，用户只需要确定出发地址和目的地地区，再选择所需车型，系统便能在最短的时间内自动匹配出驾驶员。

步骤二：集中利用大数据

货拉拉是集中大数据、联合驾驶员力量打造而成的货运平台，它将互联网大数据作为自己发展的助推器，建立了一个强大的大数据运营后台。通过精准分析数据，货拉拉提供的智能叫车平台，使货车、货主、驾驶员在极短时间内达成合作，提供优质运输方案，带给人们更方便快捷的使用体验。

步骤三：提高运输服务质量

货拉拉的收费标准是根据距离和车型而定的，可为用户提供更加合适的服务，收费也十分合理，在进行高质量运输的同时，也给用户带来了更多元化的选择。货拉拉的宗旨在于为用户带来更方便的货运体验，其通过共享模式整合社会运力资源，完成海量运力储备，依托移动互联、大数据和人工智能技术，搭建出"方便、科技、可靠"的货运平台，实现多种车型的即时智能调度，为用户提供高效的物流解决方案。

任务评价

任务评价见表1-12。

表1-12 任务评价

被评考人			考评任务：认识运输业务			
考评步骤	考评内容及分值		自我评价（30%）	小组评议（40%）	教师评价（30%）	合计得分（100%）
步骤一	运输市场的构成（25分）					
步骤二	运输市场的分类（25分）					
步骤三	运输的功能（25分）					
步骤四	运输的竞争（25分）					
综合评定						
考评标准	资料准备	知识掌握	语言表达	团队合作	沟通能力	合计得分
分值	20	30	20	15	15	
注：任务总评得分=考评步骤（70%）+综合评定（30%）				任务总评得分		

项目 1　走进运输

任务 4　签订货物运输合同

任务描述

签订运输合同时，各厂商可选择的运输方式种类很多，包括公路运输、水路运输、铁路运输和航空运输等。

思考：在多种运输方式中，合同当事人的权利和义务是如何划分的？

知识链接

货物运输合同在物流运输作业活动中具有重要作用，对于保护双方当事人的合法权益和实现落实物流运输服务都具有一定意义。因此，在初步树立法律意识的同时，双方当事人也要在物流活动中善于运用法律知识来保护自己，明确货物运输合同的基本概念和构成条款，进而实现在货物运输中能够严格按照合同要件享受权利的同时，也可以履行法律义务。

一、公路货物运输合同

1. 货物运输合同的概念

货物运输合同即货运合同，又称为货物运送合同，是承运人将托运人交付运输的货物运输到一定地点，托运人为此支付运费的合同。其是当事人为完成一定数量的货运任务，约定承运人使用约定的运输工具，在约定的时间内，将托运人的货物运送到约定地点交由收货人收货，并收取一定运费，明确相互权利关系的协议。

2. 公路货物运输合同的概念与特点

公路货物运输合同是汽车承运人与托运人之间签订的明确相互权利关系的协议，除具有一般货物运输合同的特点外，还有以下几个特点。

（1）承运人必须是经过国务院交通行政主管部门批准并持有运输经营许可证的单位和个人，国家交通行政主管部门必须对运输工具、驾驶员进行统一管理，明确职责，以确保货物运输的安全。

（2）具有"门到门"的优势。公路货物运输合同可以是全程运输合同，即交由公路承运人通过不同的运输工具一次完成运输的全过程。

（3）承运人的许多义务是强制性的，如定期检修车辆，确保车辆处于适运状态；运费的计算和收取必须按照有关部门的规定进行，不得乱收费等。

二、水路货物运输合同

1. 水路货物运输合同的概念与特征

水路货物运输合同是指水路运输承运方与托运方双方主体之间，为了实现特定水路货物运输任务、明确双方权利和义务关系而订立的协议。运输合同一般采用书面形式订立。

水路货物运输合同具有以下基本特征。

（1）货物重量和体积的计算方式特殊。整批货物的重量由托运人确定，承运人也可以进行抽查。散装货物的重量可以由承运人通过船舶水尺计算的吨数计算。

（2）水路货物运输合同的履行受自然条件的限制。其通常包括起运港发运时间、换港的换装时间和运输时间，但是由于自然条件因素所造成的误时误点，不计算在履行期之内。

2. 水路货物运输合同的形式及主要条款

（1）水路货物运输合同应当采用书面形式。大宗物资运输，可以按照月份签订货物运输合同，对于其他按规定必须提交月度托运计划的货物，如果经托运人和承运人协商一致，可以按月度签订货物运输合同或以货物托运单作为运输合同。零星货物运输以货物托运单为货物运输合同。

（2）水路货物运输合同的法律依据。

水路货物运输合同的法律依据如图1-8所示。

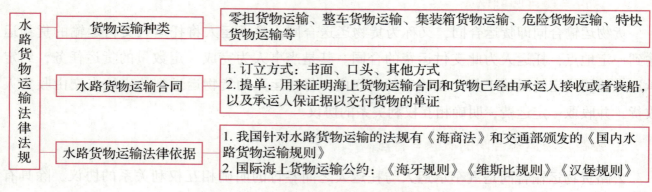

图1-8 水路货物运输合同的法律法规

三、铁路货物运输合同

1. 铁路货物运输合同概念

铁路货物运输合同是铁路承运人根据托运人的要求，按期将托运人的货物运至目的地，交给收货人而订立的明确双方权利和义务关系的协议。

2. 铁路货物运输合同的法律依据

铁路货物运输合同的法律依据如图 1-9 所示。

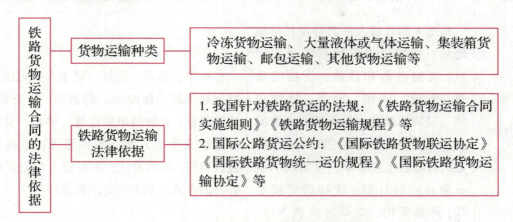

图 1-9 铁路货物运输合同的法律依据

四、航空货物运输合同

1. 航空货物运输合同的概念与特征

航空货物运输合同是航空承运人与货物托运人之间，依法就提供并完成以民用航空器运送货物达成的明确双方权利和义务关系的协议。

航空货物运输合同具有如下特征。

（1）航空货物运输合同一般为格式合同。航空货物运输合同中包含大量格式条款，具备格式合同的性质。

（2）航空货物运输合同是双务有偿合同。航空货物运输合同双方互负权利与义务关系，而且具有对应性，体现了航空货物运输合同的双务性；托运人为承运人提供的运输服务提供报酬，体现了运输合同的有偿性。

2. 航空货物运输合同的签订

根据《航空货物运输合同实施细则》的有关规定，托运人利用航空运输方式运送货物时，承运人有权要求托运人填写航空货运单，托运人应当向承运人填交航空货运单，并根据国家主管部门的规定，随附必要的有效证明文件。

3. 航空货物运输合同的内容

航空货物运输合同采用航空货运单和航空货物运输合同两种书面形式，无论采用何种形式，其基本内容基本一致，一般而言，合同内容应该包含表 1-13 中的条款。

表 1-13 航空货物运输合同条款内容

合同类型	航空货运合同	包机运输合同
合同条款内容	托运人和收货人的名称及其详细地址；货物的出发地点和目的地点；货物名称和性质；货物的重量、数量、体积、价值；货物包装、包装标准和运输标志；运输质量及安全要求；货物的装卸责任和方法；储运注意事项；货物的承运日期和运到日期；货物的交接手续；运输费用、结算方式和方法；违约责任；双方约定的其他事项	包机单位名称、地址、联系人；包机飞行日期；航程起飞站、途经站、到达站；货物名称或团体旅客名称；货物的单件重量、体积；货物总件数、总重量或乘机人数；包机原因；储运注意事项；包机费用；违约责任；不可抗力及免责条件；争议解决的方式；双方约定的其他事项

4. 航空货物运输合同的变更和解除

对托运人的变更要求，只要符合条件的，航空承运人都应及时处理；但如托运人的变更要求违反国家法律、法规和运输规定，承运人应予以拒绝。由于承运人执行国家交给的特殊任务或因气象等原因，当需要变更运输合同时，承运人应及时与托运人或收货人商定处理办法。对于托运人的指示不能执行的，承运人应当立即通知托运人，并说明不能执行的理由。

5. 航空货物运输合同的法律依据

航空货物运输合同的法律依据如图 1-10 所示。

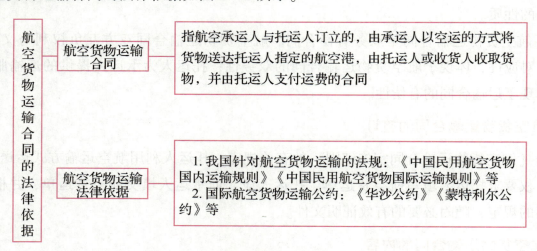

图 1-10 航空货物运输合同的法律依据

五、货物运输合同纠纷处理

（一）货物运输合同纠纷

1. 运输合同纠纷

运输合同纠纷是指由于货物运输合同的生效、解释、履行、变更、终止等行为而引起的合同当事人的所有争议。货物运输合同纠纷的范围广泛，涵盖了一项合同从成立到终止的整个过程。在货物运输合同纠纷中主要包括水路、铁路、陆路、航空运输合同纠纷。

2. 货物运输合同违约责任和纠纷解决

承运人、托运人、收货人及有关方在履行运输合同或处理货运事故时，发生纠纷、争议，应及时协调解决或向县级以上人民政府交通主管部门申请调解；当事人不愿和解、调解或者和解、调解不成的，可依仲裁协议向仲裁机构申请仲裁；当事人没有订立仲裁协议或仲裁协议无效的，可以向人民法院起诉。

（二）货物运输合同的订立与履行

货物运输合同一般由托运人提出运输货物的要约，承运人同意运输的承诺而成立。《民法典》规定：从事公共运输的承运人不得拒绝托运人通常、合理的运输要求。

（三）货物运输合同的变更和解除

《民法典》规定："在承运人将货物交付收货人之前，托运人可以要求承运人中止运输、返还货物、变更到达或者将货物交给其他收货人。"但是，如果因为单方变更或解除合同给承运人造成损失的，托运人或者提货凭证持有人"应当赔偿承运人因此受到的损失"，而且还要承担因变更或解除合同而产生的各种费用。

任务实施

步骤一：查询不同运输方式合同当事人的权利和义务

步骤二：区分不同运输方式合同当事人的权利和义务

1. 铁路货物运输合同

铁路货物运输合同的内容和注意事项见表1-14。

表 1-14 铁路货物运输合同的内容和注意事项

主体	内容	注意事项
托运人	①按约定时间和要求向铁路承运人提供运输的货物。②对运输货物进行包装，以适应运输安全的需要。③如实申报货物的品名、重量和性质。危险品货物必须按照危险品的规定运输；鲜活货物要按照鲜活货物的规定运输。以免造成铁路运输事故。④按规定凭证运输的货物必须出示有关证件。⑤向承运人交付规定的运输费用。如果是保价运输的，必须先申报价格，再按保价运输支付保价费	①铁路货运种类分为整车、零担和集装箱。②托运人或收货人的代理人办理货物的托运、领取、变更或履行其他权利、义务时，应向车站提出委托书或证明委托的介绍信。③托运任意铁路运输货物应签订货物运输合同。④车站按批准的要车计划和进货计划受理货物。⑤托运人向承运人交运货物时，应向车站按批提出货物运单一份。⑥托运易腐货物和"短寿命"放射性货物时，应记明货物的允许运输期限。⑦托运人托运货物，应根据货物的性质、重量、运输种类、运输距离、气候，以及货车装载等条件，使用符合运输要求、便于装卸和保证货物安全的运输包装。⑧托运人托运零担货物，应在每件货物上标明清晰明显的标记（货签）。⑨铁路货运按件数和重量承运。铁路货运费用按照《铁路货物运价规则》的规定计算。
承运人	①认真清点货物，在与货物运单核对无误后，方可签字确认。②提供符合运输要求的车辆以保证即时运输。③由托运人装车的货物，要负责将车辆送到装车地点。④及时通知收货人到站领取货物，并将货物交付收货人。⑤当发现多收托运费时，要退还多收运费给托运人或收货人	
收货人	①及时到车站领取货物，逾期领取要承担保管费。②补交托运人未交的运费，以及在运输途中发生的垫付费用。③及时组织卸车。待卸货完毕，将货车清扫干净并关闭门窗和端侧板（特种车为盖、阀），规定洗刷消毒的应洗刷消毒	

2. 航空货物运输合同

航空货物运输合同见表1-15。

表1-15 航空货物运输合同

主体	主要义务	主要权利
托运人	①托运人应按合同的约定提供需要托运的货物。 ②托运人应提交相关的文件。 ③托运人应按照约定的方式包装货物。 ④托运人应按照合同的约定及时交付运输费和其他费用。 ⑤赔偿因变更、中止运输给承运人造成的损失	①请求承运人按照合同约定的地点和时间将货物运达目的地。 ②在承运人交付货物给收货人之前，托运人可以要求承运人中止运输、返还货物、变更到达地或者将货物交给其他收货人
承运人	①按照合同约定的要求配发运输工具，接受托运人依约定托运的货物。 ②按照合同约定的时间、地点，将货物安全送达目的地。 ③货物运达目的地后，应及时通知收货人。 ④承运人对运输过程中货物的毁损和灭失承担损害赔偿责任。如果不是自身原因造成的，还负有举证责任	①承运人有权收取运输费用及其他相关费用。 ②承运人有权要求托运人提供货物运输的必要情况。 ③承运人有权留置运到目的地的货物。 ④承运人有权处置无人认领的货物
收货人	①及时提取货物。 ②及时验收货物。 ③支付运费和保管费	提取货物

步骤三：学生绘制思维导图（略）

步骤四：学生讲解训练（略）

任务评价

任务评价见表1-16。

表1-16 任务评价

被评考人		考评任务：认识货物运输合同			
考评步骤	考评内容及分值	自我评价（30%）	小组评议（40%）	教师评价（30%）	合计得分（100%）
步骤一	对比总结五种运输方式的流程（50分）				
步骤二	区别不同运输方式合同的合同当事方权责（50分）				
综合评定					
考评标准	资料准备	知识掌握	语言表达	团队合作	沟通能力	合计得分
分值	20	30	20	15	15	
注：任务总评得分=考评步骤（70%）+综合评定（30%）			任务总评得分			

项目 2

了解公路运输

项目简介

公路运输是在公路上运送旅客和货物的一种运输方式,是交通运输系统的组成部分之一,也是对外贸易运输和国内货物流程的主要方式之一。本项目主要介绍公路运输行业及其发展历程,让学生可以掌握公路运输作业流程,熟悉公路运输行业的发展现状,熟悉公路运输相关岗位的工作内容;了解公路运输企业的相关组织结构、行业现状、工作环境、业务类型等相关内容,从而使学生能够按照要求完成各种工作任务。

学习目标

知识目标:
- 了解公路运输的概念和作用;
- 掌握公路运输的特点;
- 了解公路零担运输和整车运输的流程。

能力目标:
- 能够独立完成整车运输的一般操作流程;
- 能够掌握公路零担运输和整车运输的具体方法。

素养目标:
- 通过介绍公路运输知识,培养学生正确选择运输方式,拥有协作意识;
- 通过介绍公路运输知识和运输流程,培养运输安全意识。

任务 1 认识公路货物运输

任务描述

智慧公路

上海众和物流有限公司运输设备相对齐全，操作程序规范，年营业额已超过千万元。该公司经营全国公路运输货运配载业务，现已开通珠江三角洲至全国各地的货运专线。地址：上海市闵行区春都路120号，业务负责人：张辉，电话：021-5444206。

上海宏达工艺品公司位于上海市绥德路50号，2020年10月2日委托上海众和物流有限公司运送40件精美的玉雕产品，总重量① 2t，内包装用纸箱，外包装用木箱，规格为120cm×80cm×60cm，每件价值为5万元。联系人：王海，电话：021-65281090。托运方要求在运输、装卸过程中注意防止货物跌落和碰撞，预计送达时间为2天。收货人为广东佛山达美商场，收货地址为广东省佛山市顺德区520号，联系人：刘达，手机：15365252123。

思考：上海众和物流有限公司该怎样完成公路运输？

知识链接

一、公路货物运输概述

公路货物运输是指在公路上使用机动车辆或非机动车辆运送货物的一种运输方式，是现代运输重要的方式之一。它主要承担近距离、小批量货物的短途运输或连接水路、铁路、航空等进行联运，为铁路、港口集疏物资。

二、公路货物运输的特点

1. 具有机动灵活性

（1）空间上的灵活性，使其可以实现"门到门"运输。

（2）时间上的灵活性，使其可以采用即时运输，随时起运。

（3）方式上的灵活性，使其既可以采用整车运输的方式，又可以采用零担运输的方式。

（4）运行条件的灵活性。随着我国公路建设的迅速发展，以及国家高速公路网络规划的实施，道路网络的密度不断提高，因此汽车能去的地方很多，运输货物十分方便。

---

① 由于行业习惯，本书中的"重量"概念等同于"质量"概念。

（5）服务上的灵活性，使其可以根据客户的要求随时提供运输服务，灵活制订运营时刻表，使运输服务的弹性大。

2. 原始投资较少，资金周转快

公路运输与其他运输方式相比，所需的固定设备简单，车辆购置费用一般也比较低。因此投资回收期较短。有关资料表明，在正常经营情况下，公路运输投入的资金每年可周转1~3次，而铁路运输则需要3~4年才能周转一次。

3. 驾驶员容易培训

与其他运输工具相比，汽车驾驶技术简单，容易掌握，汽车驾驶员培训一般只需几个月的时间，而其他运输工具的驾驶员则需要较长时间的培训。

4. 运输成本较高，运输能力较小

由于汽车体积小，载重量不大，单次运输量较小，相对铁路运输和水路运输而言，运输成本较高。研究表明，公路运输的成本是铁路运输成本的11~18倍，是水路运输成本的28~44倍，是管道运输成本的14~22倍。每辆普通载货汽车每次最多仅能运输50t左右的货物，约为货物列车运输能力的1/100。

5. 能耗高，环境污染严重

公路运输属于能耗较高的一种运输方式，根据相关研究资料，公路运输能耗是铁路运输能耗的11~15倍，水路运输能耗的12~18倍。此外，公路运输产生的尾气也是造成环境污染的罪魁祸首之一，其中有机化合物污染占81%，氮氧化合物污染占83%，一氧化碳污染占94%，是水路运输的3倍。

三、公路货物运输的适用范围

公路货物运输比较适宜在内陆地区中短途运输货物，可以与铁路、水路联运，为铁路、港口集疏运物资，也可以深入山区和偏僻的农村进行货物运输，在远离铁路、水路的区域进行干线运输。

四、公路货物运输的分类

公路货物运输按照托运货物的多少，可以分为整车运输、零担运输、集装箱运输和包车运输；按照运输距离，可以分为长途运输和短途运输；按照货物的性质和对于运输条件，可以分为普通货物运输和特种货物运输；按照货物的运输速度，可以分为一般货物运输、快件货物运输和特快专运；按照运输的组织特征，可以分为集装箱化运输和联合运输。

具体来说，常用的公路货物运输的分类方式有以下几种。

1. 按运营主体分类（表2-1）

表2-1 按运营主体分类

运输分类	特点
公共运输	专业经营汽车货物运输业务并以整个社会为服务对象，其经营方式有： 1）定期定线：不论货起路线，在固定路线上按时间表派车行驶； 2）定线不定期：在固定线路上视货载情况派车行驶； 3）定区不定期：在固定的区域内根据货载需要派车行驶
契约运输	按照承托双方签订的运输契约运输货物。与之签订契约的一般都是一些大的工矿企业，常年运量较公共运输大而又较稳定。契约期限一般都比较长，短的有半年、一年，长的可达数年。按契约的规定，托运人保证提供一定的货物运输量，承运人保证提供运力
自营运输	工厂、企业、机关自置汽车，专门运送自己的货物，一般不对外营业
代理运输	本身既不掌握货源，也不掌握运输工具。其以中间人的身份一面向货主揽货，一面向运输公司托运，借代理运输收取手续费和佣金。有的汽车货物运输代理专门从事向货主揽取零星货载，将其归纳集中成为整车货物，然后自己以托运人名义向运输公司托运，赚取零担和整车货物运费之间差额的工作

2. 按组织方式分类（表2-2）

表2-2 按组织方式分类

运输分类	特点
零担货物运输	托运人一次托运货物3t及以下
整批（车）货物运输	一批货物的质量、体积、形状或性质需要一辆最低标记载重量及其以上货车运输
大型、特型笨重货物运输	因货物体积大，需要大型或专用汽车运输
集装箱汽车运输	采用集装箱为容器，使用汽车运输
快件和特快件货物运输	在规定的距离和时间内将货物运达目的地的，为快件货物运输；应托运人要求即托即运的，为特快件货物运输
危险货物运输	承运《危险货物品名表》所列的易燃、易爆、有毒、有腐蚀性、有放射性等危险货物和虽未列入《危险货物品名表》但具有危险货物性质的货物
出租汽车货物运输	采用装有出租营业标志的小型货运汽车，供货主临时雇用，并按时间、里程和规定费率收取运输费用
搬家货物运输	为个人或单位搬迁提供运输和搬运装卸服务，并按规定收取费用

3. 按运输里程分类（表2-3）

表2-3　按运输里程分类

运输分类	特点
长途货物运输	运输里程长，在25km以上，周转时间长，行驶路线较固定。一般为跨省、跨区的公路干线，平均日行200~350km。在充分利用载重量的条件下，汽车的载重量越大，越适合远距离运输。因此，其所采用的车辆主要是大吨位汽车
短途货物运输	运输里程短，在25km及以下，装卸次数多，车辆利用效率低；点多面广、时间紧迫；运输的货物零星、种类繁多、数量不稳定

任务实施

步骤一：接单

（1）公路货物运输主管从客户处接收运输需求（传真），制订运输发送计划。

（2）公路货物运输调度从客户处接收出库提货单证。

（3）核对单证。

步骤二：登记

（1）运输调度在登记表上登记送货目的地，标定收货客户的提货号码。

（2）驾驶员（指定人员及车辆）到运输调度中心拿提货单，并在运输登记本上确认签收。

（3）调用安排：填写运输计划；填写运输在途、送到情况，追踪反馈表；用电脑输入单据。

步骤三：车队交接

（1）根据送货方向、重量、体积，统筹安排车辆。

（2）将运输计划报给客户处，并确认到厂提货时间。

步骤四：提货发运

（1）按时到达提货仓库。

（2）检查车辆情况。

（3）办理提货手续。

（4）提货，盖好车棚，锁好箱门。

（5）办好出厂手续。

（6）打电话将货物预达时间告知收货客户。

步骤五：在途追踪

（1）建立收货客户档案。

（2）驾驶员及时反馈途中情况。

（3）给收货客户打电话确认送货时间。

（4）填写货物跟踪记录。

（5）发生异常情况及时与客户联系。

步骤六：到达签收

（1）给客户打电话或发传真确认到达时间。

(2) 驾驶员用EMS或传真将回单发回公司。

(3) 签收运输单。

(4) 定期将回单送至客户处。

(5) 及时将当地市场的地址反馈给客户。

步骤七：回单

(1) 按时到达指定的卸货地点。

(2) 交接货物。

(3) 完好无损地签收，保证货物的数量和重量与出库单一致。

步骤八：运输结算

(1) 整理好收费票据。

(2) 做好收费汇总表交至客户，待确认后交回结算中心。

(3) 结算中心开具发票，向客户收取运费。

☞【试一试】

（1）根据本任务介绍的内容，上网查找我国公路货物运输市场的发展现状及今后的发展趋势，并简要概述。

（2）党的二十大报告中强调，要加快建设交通强国、数字中国。《数字交通"十四五"发展规划》明确提出交通要全方位向"数"融合。在政策的加持下，数字交通建设迎来关键发展期。当前，数字交通建设有哪些关键点，又面临哪些痛点？

任务评价

任务评价见表2-4。

表2-4 任务评价

被评考人		考评任务：认识公路货物运输			
考评步骤	考评内容及分值	自我评价（30%）	小组评议（40%）	教师评价（30%）	合计得分（100%）
步骤一	是否按规定接单（10分）				
步骤二	是否按规定登记（10分）				
步骤三	是否按规定进行车队交接（10分）				
步骤四	是否按规定进行提货发运（10分）				
步骤五	是否按规定进行在途追踪（10分）				
步骤六	是否按规定完成到达签收任务（15分）				
步骤七	是否完成回执（15分）				

项目2 了解公路运输

续表

步骤八	是否做好了运输结算（20分）			
综合评定				
考评标准	资料准备	知识掌握	语言表达	团队合作	沟通能力	合计得分
分值	20	30	20	15	15	
注：任务总评得分=考评步骤（70%）+综合评定（30%）			任务总评得分			

任务2　操作公路整车货物运输

公路整车运输

任务描述

2022年8月20日，江苏物流运输有限公司的主管张三将客户天津食品有限公司发送过来的运输通知单（表2-5）发到相关手中，在进行相关介绍之后，要求刘龙等人合作完成这批整车货物运输业务的受理和组织工作。

表2-5　运输通知单

运输通知单						
TO：江苏物流运输有限公司 我司有一批食品从佳木斯工厂发往上海，请接单。						
序号	商品名称	数量	单位	重量/kg	体积/m³	到货日期
1	黄桃罐头	500	箱	6 000	23.96	2022年8月25日
收货单位	上海佳佳食品有限公司					
收货地址	上海市虹口区幸福路20号　邮编200000					
联系人	李四					
电话	021-36513672、13211546321、传真021-12300032					
急需发运！收到请回复！						
FROM：天津食品有限公司　王五 电话：022-845234567　13543736502　传真022-15568378 地址：天津市和平区长安路12号　邮编300000						

假如你是刘龙，该如何完成这批整车货物运输业务？

运输实务

知识链接

一、整车货物运输的概念

整车货物运输是指一批属于同一发（收）货人的货物且其重量、体积、形状或性质需要以一辆（或多辆）货车单独装运，并据此办理承托手续、组织运送和计费的运输活动。

二、整车货物运输的组织形式

1. 多（或双）班运输

多班运输，是指在一昼夜时间内车辆工作超时一个工作班以上的货物运输形式。采用多班运输是增加车辆工作时间，提高车辆生产率的有效措施，如实行双班运输，基本方法是为每辆汽车配备 2~3 名驾驶员，分日、夜两班轮流行驶，这样可以使车辆的生产率提高 60% 左右，还可以提高劳动生产率、降低运输成本。多班运输一般应遵循以下原则：难运的安排在日班，好运的安排在夜班。

2. 定点运输

定点运输，是指按发货点固定车队、专门完成固定货物运输任务的运输组织形式。这种方式装卸工人、设备和调度员固定。

定点运输可以加快车辆周转速度、提高运输和装卸的工作效率，以及服务质量，并有利于行车安全和节能。既适用于装卸地点比较固定集中的货运任务，也适用于装货地点集中而卸货地点分散的固定性货物运输任务。

3. 定时运输

定时运输，是指运输车辆按运行作业计划中所拟定的行车时刻表来进行工作。其加强了各环节工作的计划性，提高了工作效率。若要组织定时运输，必须做好各项定额的制定和查定工作，包括车辆出车前的准备工作时间定额，车辆在不同运输路线上的重载、空载行驶时间定额，以及不同货种的装、卸工作时间定额等。

4. 甩挂运输

甩挂运输，是指利用汽车列车甩挂挂车的方法来减少车辆装卸停歇时间的一种拖挂运输形式。

在相同的运输组织条件下，汽车运输生产效率取决于汽车的载重量、平均技术速度和装卸停歇时间三个主要因素。实行汽车运输列车化可以相应提高车辆每运次的载重量，从而显著提高运输生产效率。

采用甩挂运输时,需要在装卸货现场配备足够数量的周转挂车,在汽车列车运行期间,装卸工人预先装(卸)好甩下的挂车,列车到达装(卸)货地点后先甩下挂车,装卸人员集中力量装(卸)主车上的货物,主车装(卸)货完毕即挂上预先装(卸)完货物的挂车继续运行。

采用这种组织方法,可以使整个汽车列车的装卸停歇时间减少为主车装卸停歇时间加甩挂时间。但需要注意,周转挂车的装卸工作时间应小于汽车列车的运行时间间隔。甩挂运输方式应在装卸能力不足、运距较短、装卸时间占汽车列车运行时间比例较高的运输条件下采用,并根据运输条件的不同来组织不同形式的甩挂运输。

三、整车运输费用的计算

(一)公路货物运输计价标准

1. 计费质量

(1)计量单位。

1)整批货物运输以吨为单位,吨以下计至100kg,尾数不足100kg的,四舍五入。

2)集装箱货物运输以箱为单位。

(2)确定重量。

一般按毛重计算货物重量。轻泡货物(指每立方米重量不足333kg的货物)的高度、长度、宽度,以不超过有关道路交通安全规定为限度,按车辆标记吨位计算重量。

2. 计费里程

(1)里程单位。

货物运输计费里程以千米为单位,尾数不足1km的,进整为1km。

(2)确定里程。

1)货物运输的营运里程,按中华人民共和国交通运输部(以下简称"交通运输部")和各省、自治区、直辖市交通行政主管部门核定、颁发的《中国公路营运里程图集》执行。《中国公路营运里程图集》未核定的里程由承托双方共同测定或经协商按车辆实际运行里程计算。

2)出入境汽车货物运输的境内计费里程以交通主管部门核定的里程为准;境外里程按毗邻国(地区)交通主管部门或有关认定部门核定的里程为准。未核定里程的,由承托双方协商或按车辆实际营运里程计算。

3)货物运输的计费里程按装货地点至卸货地点实际载货的营运里程计算。

4)因自然灾害造成道路中断,车辆需要绕道行驶的,按实际行驶里程计算。

5)城市市区里程按当地交通主管部门确定的市区平均营运里程计算,当地交通主管部门未确定的,由承托双方协商确定。

3. 运价单位

(1) 整批运输：元/(t·km)。

(2) 集装箱运输：元/(箱·km)。

(二) 货物运输计价类别

1. 基本运价

整车货物基本运价是指在等级公路上运输 1t 货物经过 1km 路程的运价。

2. 吨次费

运输整车货物时，在计算运费的同时，按货物计费重量加收吨次费。

3. 普通货物运价

普通货物实行分等级计价，以一等货物为基本运价，二等货物加成 15%，三等货物加成 30%。

4. 特种货物运价

(1) 长大笨重货物运价。

1) 一级长大笨重货物的运价是在整批货物基本运价的基础上加成 40%~60%。

2) 二级长大笨重货物的运价是在整批货物基本运价的基础上加成 60%~80%。

(2) 危险货物运价。

1) 一级危险货物的运价是在整批（零担）货物基本运价的基础上加成 60%~80%。

2) 二级危险货物的运价是在整批（零担）货物基本运价的基础上加成 40%~60%。

(3) 贵重、鲜活货物运价。

贵重、鲜活货物的运价是在整批（零担）货物基本运价的基础上加成 40%~60%。

5. 非等级公路货运运价

非等级公路货物的运价在整批（零担）货物基本运价的基础上加成 10%~20%。

(三) 货物运输的其他费用

1. 调车费

(1) 应托运人要求，将车辆调往外省、自治区、直辖市或调离驻地临时外出驻点营运时，调车往返空驶者可按全程往返空驶里程、车辆标记吨位和调出省基本运价的 50% 收取调车费。在调车过程中，由托运人组织货物的运输收入应从调车费中扣除。

(2) 经承托双方共同协商，可以核减或核免调车费。

2. 延滞费

（1）发生下列情况，应按计时运价的40%核收延滞费。

1）因托运人或收货人责任引起的超过装卸时间定额、装卸落空、等装待卸、途中停滞、等待检疫的时间。

2）应托运人要求运输特种或专项货物需要对车辆设备改装、拆卸和清理延误的时间；因托运人或收货人造成不能及时装箱、卸箱、掏箱、拆箱、冷藏箱预冷等，使车辆在现场或途中停滞的时间。

延误时间从等待时间或停滞时间开始计算，若不足1h，免收延滞费；若超过1h，以0.5h为单位递进计收，不足0.5h进整为0.5h。车辆改装、拆卸和清理延误的时间，从车辆进厂（场）起计算，以0.5h为单位递进计算，不足0.5h的，进整为0.5h。

（2）由托运人或收、发货人责任造成的车辆停留延滞时间（夜间住宿时间除外），计收延滞费。延滞时间以小时为单位，不足1h进整为1h。延滞费按计时包车运价的60%核收。

（3）执行合同运输时，因承运人责任引起货物运输期限延误，应根据合同规定，按延滞费标准，由承运人向托运人支付违约金。

3. 装货（箱）落空损失费

应托运人要求，由于车辆开至约定地点装货（箱）落空而造成的往返空驶里程，按其运价的50%收装货（箱）落空损失费。

4. 道路阻塞停运费

在运输过程中，当发生由自然灾害等不可抗力造成的道路阻滞，无法完成全程运输，只能就近卸存、接运时，卸存、接运费用由托运人负担。注意，已完运程收取运费；未完运程不收取运费；若托运人要求回运，回程运费减半；若应托运人要求绕道行驶或改变到达地点，按实际行驶里程核收运费。

5. 车辆处置费

应托运人要求，运输特种货物、非标准箱等需要对车辆改装、拆卸和清理所发生的工料费用，均由托运人负担。

6. 车辆通行费

车辆通过收费公路、渡口、桥梁、隧道等发生的收费，均由托运人负担。其费用由承运人按当地有关部门规定的标准代收代付。

7. 运输变更手续费

若托运人要求取消或变更货物托运手续，应核收变更手续费。由于变更运输，承运人已产生的相关费用应由托运人负担。

8. 装卸费

货物装卸费用由托运人承担，计算公式为

$$装卸费 = 装卸费率 \times 毛重 \times 装卸次数$$

9. 保价费

若选择保价运输，按不超过货物保价金额的 7%（多数物流公司按 3%～5%）收取保价费，若在运输过程中出现意外，承运人按照货物保价金额赔偿托运方。

（四）整车货物运费计算

（1）整车货物运费按货物运输计价类别计算。

（2）整车货物运费计算公式为

　　吨次费×计费重量＋整车货物运价×计费重量×计费里程＋货物运输其他费用

（3）运费单位。

运费以元为单位。当运费尾数不足 1 元时，四舍五入。

任务实施

步骤一：申请托运

在公路货物运输中，货物托运人向承运人提出运送货物的要求，并需要填写公路托运单，见表 2-6。

表 2-6　公路托运单

2022 年 8 月 20 日　　　　　　　　　　运单编号：20220820012

托运单位	天津食品有限公司	地址	天津市和平区长安路 12 号	电话	13543736502	装货地点	佳木斯工厂
收货单位	上海佳佳食品有限公司	地址	上海市虹口区幸福路 20 号	电话	13211546321	卸货地点	上海市虹口区幸福路 20 号
货物名称		数量	单位	体积/m³		质量/kg	货物价值/元
黄桃罐头		500	箱	23.96		600	2 000
约定起运时间	2022 年 8 月 20 日	约定到达时间	2022 年 8 月 25 日	所需车辆数	1	所需车种	载货车
取货方式	1. 送货上门　2. 上门取货			送货方式	1. 自提　2. 送货上门		
付款方式	1. 现付　2. 签回单付　3. 到付　4. 月结			回单签收	1. 是　2. 否		

托运单位（盖章）天津食品有限公司　　　　　　　承运单位（盖章）江苏物流运输有限公司

经办人　王五　　　　　　　　　　　　　　　　　　　　　　　　经办人　刘龙

步骤二：受理托运

江苏物流运输有限公司刘龙作为承运人收到由货物托运人天津食品有限公司王五填写的托运单后，应对托运单的内容进行审批。审批内容主要有以下几个方面：

（1）审核货物的详细情况（名称、体积、重量、运输要求等）并根据具体情况确定是否受理。通常下列情况承运人不予受理：

①法律禁止流通的物品或各级政府部门指令不予运输的物品。

②属于国家统管的货物或经各级政府部门列入管理的货物，必须取得准运证明方可出运。

③符合《道路危险货物运输管理规定》中规定的危险货物。

④托运人未取得卫生检疫合格证明的动、植物。

⑤托运人未取得主管部门准运证明的属规定的超长、超高、超宽货物。

⑥须由货物托运人押送、随车照料，而托运人未能按要求做到的货物。

⑦由于特殊原因，以致公路无法承担此项运输的货物。

（2）检验有关运输凭证。货物托运应根据有关规定向公路运输部门提交准许出口、外运、调拨、分配等证明文件，或随货同行的有关票证单据，一般包括：

①根据各级政府法令规定必须提交的证明文件。

②货物托运人委托承运部门代为提取货物的证明或凭据。

③有关运输该批（车）货物的质量、数量、规格的单据。

④其他有关凭证，如动植物检疫证、超限运输许可证、禁通路线的特许通行证、关税单证等。

（3）审批有无特殊运输要求（如运输期限、押运人数），或承托双方议定的有关事项。在对托运单内容的审批和认定后，受理人确定货物运输的里程和运杂费，并编定托运单的号码，然后告知调度、运务部门，并将结算情况通知托运人。

步骤三：核算票据

江苏物流运输有限公司刘龙作为承运人应根据货物托运单进行运输费用核算，并填制公路整车货物运输货票。货票是一种财务性质的票据，在发站是向托运人（天津食品有限公司）核收运费的依据和凭证，在到站是与收货人（上海佳佳食品有限公司）办理货物交付的凭证和收到货物的证明。

步骤四：验货待运

刘龙应对货运货物进行检查，包括：

（1）托运单上的货物是否已处于待运状态。

（2）货物的包装是否符合运输要求。

（3）货物的数量准确与否，发运日期有无变更。

（4）装卸场地的机械设备、通行能力是否完好。

步骤五：运输调度

在接收到出货信息后，由调度员安排适宜车辆到出货地点装运货物。

（1）填写调度命令登记簿。

调度员应详细了解现场情况，正确、完整、清晰地书写命令内容，先拟后发，发布时要反复核对，要一事一令。

（2）交付调度命令。

调度命令必须直接下达给驾驶员，并由驾驶员签名确认，调度员也应该签名复核。

步骤六：货物监装

车辆到达装货地点后，驾驶员和监装人员会同托运人对货物包装、数量和重量进行清点和核实，核对无误后进行装车。

（1）车辆到达装货地点，监装人员应根据托运单填写的内容、数量与发货单位联系发货，并确定交货方法。散装货物根据体积换算标准确定装载量，件杂货一般采用以件计算。

（2）在货物装车前，监装人员应注意并检查货物包装有无破损、渗漏、污染等情况，一旦发现，应与发货单位商议修补或调换，如发货单位自愿承担因破损、渗漏、污染等引起的货损，则应在随车同行的单证上加盖印章或做批注，以明确其责任。

（3）装车完毕后，应清查货位，检查有无错装、漏装，并与发货人员核对实际装车的件数，确认无误后，办理交接签收手续，填写交运货物清单。

步骤七：货物运送

货物装车后，即可出发。驾驶人员应及时做好货运途中的行车检查，既要保持货物完好无损、无漏失，又要保持车辆状况良好。在货物起运前后如遇特殊原因天津食品有限公司或江苏物流运输有限公司需要变更运输时，两公司应及时协商处理，填制汽车运输变更申请书，所发生的变更费用按相关规定处理。

步骤八：货物到达与交付

货物运达收货地点，应正确办理交付手续并交付货物。

（1）上海佳佳食品有限公司负责人李四应凭有效单证提（收）货物，无故拒提（收）货物，应赔偿江苏物流运输有限公司因此造成的损失。上海佳佳食品有限公司不明或上海佳佳食品有限公司无正当理由拒绝受领货物的，依照《中华人民共和国合同法》的相关规定，江苏物流运输有限公司可以提存货物。

（2）货物交付时，江苏物流运输有限公司与上海佳佳食品有限公司应当做好交接验收工作，发现货损货差，由江苏物流运输有限公司和上海佳佳食品有限公司共同编制货运事故记录，交接双方在货运事故记录上签字确认。

（3）货物交接时承托双方对货物的质量和内容有质疑均可提出查验与复磅，费用由责任方承担。

(4) 货物交接完毕后,应由上海佳佳食品有限公司负责人李四在货票回单联上签字盖章,公路承运人江苏物流运输有限公司的责任即告终止。

步骤九：运费结算

当货物运输完毕、票据返回后,结算中心整理好收费票据,做好收费汇总表,交至客户确认后开具发票,向客户收取运费。运费结算可以是现金支付,也可以是非现金支付。

任务评价

任务评价见表2-7。

表2-7 任务评价

被评考人		考评任务：操作公路整车运输			
考评步骤	考评内容及分值	自我评价（30%）	小组评议（40%）	教师评价（30%）	合计得分（100%）
步骤一	是否申请托运（10分）				
步骤二	是否受理托运（10分）				
步骤三	是否核算票据（15分）				
步骤四	是否验货待运（10分）				
步骤五	是否完成运输调度（10分）				
步骤六	是否完成了货物监装（10分）				
步骤七	是否完成了货物运输（10分）				
步骤八	是否完成了货物的到达与交付（10分）				
步骤九	是否正确结算运费（15分）				
综合评定					
考评标准	资料准备	知识掌握	语言表达	团队合作	沟通能力	合计得分
分值	20	30	20	15	15	
注：任务总评得分=考评步骤（70%）+综合评定（30%）				任务总评得分	

运输实务

任务3　操作公路零担运输

公路零担运输

任务描述

2022年6月30日，北京一达物流运输有限公司接到天津健康乳业有限公司发来的运输任务请求，请完成下列这笔运输任务的业务受理工作：

客户天津健康乳业有限公司要求将一批袋装纯牛奶从天津生产厂运到上海，一周内运完。产品外包装箱尺寸是32cm×21cm×12cm，包装规格为220mL×20袋。此批物品总共40箱。总体积约为0.32m³，总重量为176kg。其具体信息见表2-8。

表2-8　运输通知单

运输通知单						
TO：北京一达物流运输有限公司						
我司有一批食品须从天津工厂发往上海，具体信息如下。						
序号	商品名称	数量	单位	重量/kg	体积/m³	到货日期
1	袋装纯牛奶	40	箱	176	0.32	2022-07-01
收货单位	上海怡尚连锁超市					
收货地址	上海市中山西路28号　邮编200000					
联系人	李丽					
电话	021-34512678、13811546511、传真021-12300089					
急需发运！收到请回复！						
FROM：天津健康乳业有限公司　白云飞						
电话：022-84523025　13782736502　传真022-15552378						
地址：天津市南开区中山街712　邮编300000						

假如你是李明，该如何完成这批公路零担运输的流程？

知识链接

一、零担货物运输的概念

零担运输是指当一批货物的重量、体积、形状和性质不需要单独使用一辆货车装运（不够整车运输条件），则作为零星货物交运，由承运部门将不同货主的货物按同一到站凑整一车再发运的服务形式。

零担货物运输是相对于整车运输提出的。在进行托运时一般一次托运的货物不足 3t（不含 3t）。按件托运的零担货物，单件体积一般不小于 0.01m³（单件质量 10kg 以上的除外），不大于 1.5m³；单件质量不超过 200kg；货物长度、宽度、高度分别不超过 3.5m、1.5m 和 1.3m。

二、零担货物运输的特点

零担货物运输是货物运输中相对独立的一部分，相对于其他的运输方式，零担货物运输有其独特之处，具体见表 2-9。

表 2-9　零担货物运输特点

特点	详情
运输货物品种繁杂，机动灵活	适合商品流通中品种繁多、小批量、多批次、价格高昂的货物。还可以承担时令性强、急需的零星货物的运输
运量小批次多，资源不确定	零担货物运输的货物流量、货物数量和货物流向具有不确定性
单位运输成本较高	需要配备一定的货运站、车辆、装卸设备。而且零担货物周转环节较多，容易出现货损货差，导致运输成本相对较高
组织工作复杂	零担货物运输货运环节多，对货物配装和装载要求相对较高，因此要求货运场作业工艺细致

三、零担货物运输的种类

零担货物运输一般可以分为固定式和非固定式两种，见表 2-10。

表 2-10　零担货物运输分类表

类别	方式	定义
固定式零担	直达式零担	起运站将各个发货人托运的货物装运到同一站点，并且性质允许同车配载的零担货物
固定式零担	固定中转式零担	起运站将各个发货人托运的货物统一装运到规定中转站，卸货后再装运，重新组成新零担班车运往目的地，并且性质允许同车配载的各种零担货物
固定式零担	沿途式零担	在起运站将多个发货人托运的货物同车装货后，在沿途各计划停靠站卸下或装上货物继续前进，直至到达终点站，并且性质允许同车配载的零担货物
非固定式零担		根据运输业务的需要，临时组织的一种零担运输

任务实施

步骤一：零担货物货源组织

李明需要完成的零担货物货源组织工作包括以下内容：

(1) 实行合同运输。

(2) 设立零担货物运输代办站。

(3) 委托社会相关企业代理零担货物运输业务。

(4) 聘用货物运输信息联络员，建立货源情报网络。

(5) 网上受理业务。

步骤二：托运受理

需要白云飞填写货物托运单（表2-11），承运人李明审核无误后方可进行承运。

表2-11 货物托运单

零担货物托运单				NO.：0012897		
发站	天津	到站	上海	托运日期	2022年6月30日	
托运单位	天津健康乳业有限公司		电话	13782736502		托运人注意事项： 1. 托运单填写一式两份。2. 托运货物必须包装完好。3. 不得谎报货物名称，否则在运输途中的损耗由托运人负责赔付。4. 托运货物不得夹带易燃易爆等危险物品
托运地址	天津市南开区中山街712		联系人	白云飞		
收货单位	上海怡尚连锁超市		联系人	李丽		
收货地址	上海市中山西路28号		电话	13811546511		
货物名称	包装	数量	规格	重量/kg	托运价格/元	保险费（价值>费率）
袋装纯牛奶	袋	40	箱	176	2 400	按约定费率计算
合计金额（大写）	¥贰仟四佰元整					
收货人记载事项						
付款方式	□现付 □回单付 □月结 □收货人付款 □现付			提货方式	□自提 □送货上门	
到站交货日	仓库理货验收员签名			发运日期	2022年6月30日	托运人（盖章）

步骤三：过磅起票

零担货物受理人员在接到托运单后，应该及时验货过磅，认真点件交接，做好记录。按托运单编号填写标签及有关的标志，填写零担货物运输货票并收取运杂费（表2-12）。

表 2-12 零担货物运输货票

起点站	天津	中转站	济南	到达站	上海	距离/km		备注	
托运人	天津健康乳业有限公司		详细地址			天津市南开区中山街712			
收货人	上海怡尚连锁超市		详细地址			上海市中山西路28号			
货名	包装	体积/m³			件数	实际重量/kg	计费重量	每千克运价	合计
		长/cm	宽/cm	高/cm					
袋装纯牛奶	箱	32	21	12	40	176			
车站	天津站	填票人			复核人			经办人	

步骤四：仓库保管

在零担货物仓库保管期间，仓库应具备良好的通风能力、防潮能力、防火和灯光设备及安全保卫能力。其大致可以分为待运货位、急运货位、到达待交货位。零担货物进出仓要按单入库或出库，做到以票对票、票票不漏、货票相符。

步骤五：配载装车

配载装车对零担运输而言非常重要，如果配载合理，则可以减少配送过程的作业时间，增加配送的作业量，提高零担运输的工作效益。

步骤六：车辆运行

零担货运班车必须严格按期发车，按规定线路行驶，到达中转站后值班人员在路单上签字。在行车过程中，驾驶员或随车理货员必须经常检查车辆装载情况、货物的货损货差及安全情况，以确保运输的正常进行。

步骤七：货物中转（用思维导图总结）

货物中转主要是将来自各个方向仍要继续运输的零担货物卸车后重新集中待运，继而运往终点站。货物中转形式及内容如图2-1所示。

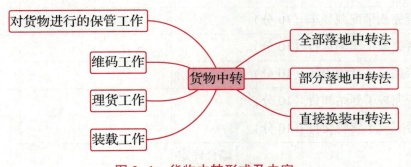

图 2-1 货物中转形式及内容

步骤八：到站卸货

班车到站后，仓库人员检查货物情况，如无异常，在交接单上签字并盖章，如有异常发

生,则需要采取如下措施进行处理:

(1) 有单无货,双方签明情况后,在交接单上注明,将原单返回。

(2) 有货无单,确认货物到站后,由仓库人员签发收货清单,双方盖章,清单寄回起运站。

(3) 货物到站错误,要将货物原车运回起运站。

(4) 货物存在短缺、破损、受潮、腐烂等情况,要如实清点有质量问题的货物数量,双方共同签字确认,填写事故清单,双方协调赔偿事宜。

步骤九:货物交付

货物交付的方式可以是上海怡尚连锁超市自己取货,也可以是北京一达物流运输有限公司送货上门,无论采用哪种方式,货物到站入库后,李明都要及时通知收货人上海怡尚连锁超市李丽,李丽凭有效证件和提货单领取货物,并做好交货记录,逾期提取则按有关规定办理。

任务评价

任务评价见表2-13。

表2-13 任务评价

被评考人		考评任务:操作公路零担运输			
考评步骤	考评内容及分值	自我评价(30%)	小组评议(40%)	教师评价(30%)	合计得分(100%)
步骤一	是否按规定组织零担货物货源(15分)				
步骤二	托运受理流程是否正确(15分)				
步骤三	配送人是否按规定过磅起票(10分)				
步骤四	是否完成了仓库保管(10分)				
步骤五	是否完成了配载装车(10分)				
步骤六	是否完成了车辆运行(10分)				
步骤七	是否完成了货物中转(10分)				
步骤八	是否完成了到站卸货(10分)				
步骤九	是否完成了货物交付(10分)				
综合评定					
考评标准	资料准备	知识掌握	语言表达	团队合作	沟通能力	合计得分
分值	20	30	20	15	15	
注:任务总评得分=考评步骤(70%)+综合评定(30%)			任务总评得分		

项目 2　了解公路运输

任务 4　计算公路货物运输费用

任务描述

公路运费计算

某货主托运一批瓷砖，重量为 4 538kg，一级普货费率为 1.2 元/(t·km)，吨次费为 16 元/t，该批货物运输距离为 36km，瓷砖为普货三级，计价加成 30%，途中通行费 35 元，计算货主应支付运费多少元。

知识链接

一、公路运输费用

公路运输费用是指货物运输计费里程以千米为单位，整批货物运输以吨为单位，零担货物运输以千克为单位，集装箱运输以箱为单位的运费计算方法。

公路运输费用包括计价标准、货物运价价目以及其他收费项目。

二、计价标准

（一）计费重量

1. 单位的确定

（1）整批货物运输以吨为单位；零担货物运输以千克为单位；集装箱运输以箱为单位；包车运输以小时为单位，超过半小时进整。

（2）运价单位：整车运输为元/(t·km)，零担运输为元/(kg·km)；集装箱运输为元/(箱·km)；包车运输为元/(t·h)。

2. 质量的确定

（1）一般货物按毛重计算。

（2）公路运输费用计算中的整批货物吨以下计至 100kg，尾数不足 100kg 的，四舍五入；零担货物起码计费质量为 1kg，重量在 1kg 以上，尾数不足 1kg 的，四舍五入。

（3）轻泡货物：指每立方米重量不足 333kg 的货物。

（4）装运整批轻泡货物的高度、长度、宽度，以不超过有关道路交通安全规定为限度，

这种公路运输费按车辆标记吨位计算重量；零担运输轻泡货物以货物包装最长、最宽、最高部位尺寸计算体积，按每立方米折合 333kg 计算重量。

（5）包车运输按车辆的标记吨位计算。

（6）货物质量一般以起运地过磅为准。起运地不能或不便过磅的货物，其公路运输费由承托运双方协商确定计费质量。

（7）散装货物，如砖、瓦、砂、石、土、矿石、木材等，按体积由各省、自治区、直辖市统一规定重量换算标准计算重量。

3. 包车计费时间的确定

（1）整日包车，每日按 8h 计算，超过 8h 按实际使用时间计算。

（2）起码计费时间为 4h，超过 4h 按实际使用时间计算。

4. 计费里程的确定

（1）单位的确定：货物运输计费里程以千米为单位，尾数不足 1km 的，进整为 1km。

（2）营运里程的确定：货物运输的营运里程，按交通部和各省、自治区、直辖市交通行政主管部门核定、颁发的《营运里程图》执行。《营运里程图》未核定的里程由承托双方共同测定或经协商按车辆实际运行里程计算。

（二）货物运价价目

1. 基本运价

（1）整批货物基本运价：指整批普通货物在等级公路上运输 1t 货物经过 1km 路程的运价。

（2）零担货物基本运价：指零担普通货物在等级公路上运输的 1kg 货物经过 1km 路程的运价。

（3）集装箱基本运价：指各类标准集装箱重箱在等级公路上运输的 1 箱货物经过 1km 路程的运价。

2. 吨（箱）次费

（1）吨次费：对整批货物运输在计算运费的同时，按货物重量加收吨次费。

（2）箱次费：对汽车集装箱运输在计算运费的同时，加收箱次费。箱次费按不同箱型分别确定。

3. 确定计价类别

（1）车辆类别：载货汽车按其用途不同，划分为普通货车、特种货车两种。特种货车包括罐车、冷藏车及其他具有特殊构造和专门用途的专用车。根据车辆的不同用途，在基本运价的基础上加成计算，特种车辆运价和特种货物运价两个价目不准同时加成使用。

(2) 货物类别：公路运输计算运费方法中的货物按其性质分为普通货物和特种货物两种。计价方式详见本项目任务2第三部分，此处不再赘述。

(3) 集装箱类别：公路运输运费计算之集装箱按箱型分为国内标准集装箱、国际标准集装箱和非标准集装箱三类，其中国内标准集装箱又分为1t箱、6t箱、10t箱三种；国际标准集装箱分为20英尺[①]箱、40英尺箱两种；集装箱按货物种类分为普通货物集装箱和特种货物集装箱。

(4) 公路类别：公路可分为等级公路和非等级公路。非等级公路货运运价在基本运价的基础上加成10%~20%。

(5) 其他类别：公路运输运费计算还有其他类别为快速货运运价和出入境汽车货物运价。快速货运运价按计价类别在相应运价的基础上加成计算；出入境汽车货物运价按双边或多边出入境汽车运输协定，由两国或多国主管机关协商确定。

（三）运费计算公式（表2-14）

表2-14　运费计算公式

不同运输方式的运费计算公式	详细公式
整批货物运费	吨次费×计费重量+整批货物运价×计费重量×计费里程+货物运输其他费用
零担货物运费	零担货物运价×计费重量×计费里程+货物运输其他费用
重（空）集装箱运费	重（空）箱运价×计费箱数×计费里程+箱次费×计费箱数+货物运输其他费用
包车运费	包车运价×包用车辆吨位×计费时间+货物运输其他费用

（四）其他杂项费用

公路运输计算运费方法还包括运输过程中的其他杂项费用要加以核算，包括调车费、延滞费、装货落空损失费、道路阻塞停运费、车辆处置费、车辆通行费和运输变更手续费等多项费用。

任务实施

步骤一：明确计费重量

瓷砖重4 538kg，超过了3t，按整车货物运输办理。

（4 538kg≈4.5t）

步骤二：明确货物运价

瓷砖为普货三级，计价加成30%，则运价=1.2×（1+30%）=1.56元/（t·km）

---

① 1英尺≈0.3m。

步骤三：明确计费里程

计费里程为36km。

步骤四：计算运费

运费 = 16×4.5+1.56×4.5×36+35 = 359.72 ≈ 360（元）

任务评价

任务评价见表2-15。

表2-15 任务评价

被评考人		考评任务：计算公路运输费用			
考评步骤	考评内容及分值	自我评价（30%）	小组评议（40%）	教师评价（30%）	合计得分（100%）
步骤一	是否明确计费重量（25分）				
步骤二	是否明确货物运价价目（25分）				
步骤三	是否明确运费计算公式（25分）				
步骤四	是否明确了其他杂项费用（25分）				
综合评定					
考评标准	资料准备	知识掌握	语言表达	团队合作	沟通能力	合计得分
分值	20	30	20	15	15	
注：任务总评得分=考评步骤（70%）+综合评定（30%）			任务总评得分			

项目 3

了解铁路运输

项目简介

铁路运输是现代运输主要方式之一,也是构成陆上货物运输的两个基本运输方式之一。按中国铁路技术条件,现行的铁路货物运输可分为整车、零担、集装箱三种。本项目带领学生学习铁路运输的发展历程、铁路运输相关岗位的工作内容,以及物流运输与铁路运输的区别。

学习目标

知识目标:
- 了解铁路运输的发展历程;
- 熟悉运输行业的发展现状;
- 熟悉铁路运输相关岗位的工作内容;
- 了解物流运输与铁路运输的区别。

能力目标:
- 能够分析铁路运输的特点;
- 能够操作铁路运输的作业流程;
- 能够合理选择运输方式。

素养目标:
- 培养学生相关安全意识和良好的专业行为规范;
- 培养学生团结协作的意识;
- 培养学生细致细心的工作理念;

运输实务

- 通过对铁路运输工具的介绍树立安全意识，培养良好的安全行为规范；
- 通过学些中国高铁技术的发展过程，树立民族自信并培养创新意识；
- 通过办理铁路业务，培养严谨细致、爱岗敬业的工作作风。

任务 1　认识铁路货物运输

中欧班列

任务描述

"五一"假期期间，铁路货物运输需求旺盛，4月30日至5月4日，哈尔滨局集团有限公司货物发送量完成300.5万t，日均货物发送量完成60.1万t，同比增长10.4%。完成装车50 460车，日均完成10 092车，同比增长8.3%。

哈尔滨局集团有限公司展现"国企担当"，依托铁路运量大、效率高、可靠性强、节能低碳等优势，节日期间集装箱日均完成8.9万t，同比增长56.1%。哈尔滨局集团有限公司通过京哈线等进关通道日均完成1 620车，同比增长85%，有力保障了节日运输期间铁路主要干线畅通，确保了产业链供应链稳定畅通。

说一说铁路运输如何促进货物运输的便利，以及铁路运输的特点有哪些。

知识链接

一、铁路运输的构成要素

铁路运输的构成要素包括运输线路、运输工具和铁路车站。

（一）铁路运输线路

运输线路是供运输工具定向移动的通道，是运输工具运行的基础。可以说铁路运输线路是铁路机车和列车运行的保障。

铁路运输线路按其存在的意义和在整个铁路网中的作用的不同，可划分为三个等级：一级铁路是保证全国运输联系，具有重要政治、经济、国防意义和在铁路网中起骨干作用的铁路；二级铁路是具有一定的政治、经济、国防意义，在铁路网中起联络、辅助作用的铁路；三级铁路是为某一地区服务，具有地方意义的铁路。

铁路由铁路轨道（简称路轨、铁轨或轨道等）、轨枕（也称枕木、灰枕或路枕）、路砖（也称道砖、碎石或道床）组成，它们各自的构成及功能见表3-1。

表 3-1 铁路的构成及功能

类型	构成	功能
铁路轨道	铁路轨道用于铁路上,并与转辙器合作,令火车无须转向便能行走。铁路轨道最早是由两根木轨条组成,后改用铸铁轨,最后发展为今天的工字形钢轨	铁路轨道通常由两条平衡的钢轨组成,钢轨固定在轨枕上,轨枕之下为路砖。以钢铁制成的铁路轨道,可以比其他材料承受更大的重量
轨枕	一般为横向铺设,用木、钢筋混凝土或钢制成	把钢轨的重量分开散布,保持路轨固定,维持路轨的轨距
路砖	路砖通常采用碎石、卵石、矿渣等材料	为轨道提供弹性及排水功能

铁路两条钢轨之间的距离(以内距为准)就是轨距,科学表述为轨距是"钢轨头部踏面下 16mm 范围内两股钢轨工作边之间的最小距离"。国际上通用的标准轨距为 1 435mm,世界上大约 60% 的铁路采用的都是这一轨距,中国的铁路也是。

(二)铁路运输工具

铁路货物运输是由铁路机车和铁路车辆组成货物列车在铁路轨道上进行运输的。铁路机车具有动力装置,而铁路车辆一般不具备动力装置,它必须在机车的牵引和推送下行驶。铁路机车按动力来源可分为蒸汽机车、内燃机车、电力机车。铁路车辆一般可分为敞车、棚车、罐车、平车、保温车、专用车。

1. 敞车

敞车(图 3-1)是指具有端壁、侧壁、无顶的货车,主要运送煤炭、矿石、木材、钢材等大宗货物,也可用来运送重量不大的机械设备。

图 3-1 敞车

2. 棚车

棚车（图3-2）是指有端、侧壁、顶的货车，侧壁上有门和窗。一般运输怕日晒、雨淋、雪浸的货物，如粮食、日用工业品及贵重仪器设备等。

图3-2 棚车

3. 罐车

罐车（图3-3）主要装运各种液体、液化气体等货物，如汽油、原油、酒精、各类酸碱类液体等。

图3-3 罐车

4. 平车

平车（图3-4）主要运送钢材、木材、汽车、机械设备等体积或重量较大的货物，也可借助集装箱运送其他货物。

图3-4 平车

5. 保温车

保温车又称冷藏车，用于运送易腐货物，外形似棚车，周身遍装隔热材料。车内有降温装置，可使车内保持需要的低温；有的保温车还有加温装置，在寒冷季节可使车内保持高于车外的温度。

6. 专用车

在铁路货车中，一般将家畜车、矿石车、水泥车、粮食车、毒品车、集装箱车和长大货车划分为专用车，专用车一般只运送一种或少数几种货物，用途较单一，同一种车辆要求装载的货物重量或外形尺寸比较统一，见表3-2。

表3-2 各专用车类型

类型	详情	备注
矿石漏斗车	为了适应大型冶金企业生产的需要，设计了该种用于采矿点至储矿槽间运送碎矿石的自卸式矿石漏斗车	—
散装水泥车	适用于粉煤灰、水泥、石灰粉、矿石粉、颗粒碱等颗粒散装物的运输，主要供水泥厂、水泥仓库和大型建筑工地使用	可节约大量包装材料和装卸劳动
粮食车	装运散装谷物的车辆，常在粮食产量大的地区见到	此类运输车一般装有漏斗式卸粮系统
毒品车	可装运农药等毒害品和有毒物品	—
集装箱车	专为运送国内和国际标准集装箱而设计和制造的车辆	在我国铁路集装箱运输的发展初期，通常是采用通用车辆（主要是敞车）来装运集装箱

（三）铁路车站

铁路车站也称火车站，分为铁路货运站和铁路货场，是从事铁路客运、货运业务和列车作业的场所，是客货运输的基地，旅客上下车和货物装卸车以及相关的作业都是在车站进行的，其是铁路与旅客、货主之间的纽带（图3-5）。

（1）铁路货运站是专门办理货运业务或以办理货运业务为主的车站。以办理货物装卸作业为主并办理少量客运或货车中转作业的车站也属于货运站。铁路运输货物必须由货运站办理货运作业。铁路货运站是铁路货物运输不可缺少的生产单位，是为办理货物的承运、装卸、交付、中转和联运货物的换装而修建的车站，或为专用线、专用铁路作业服务而设置的车站。

（2）铁路货场是铁路车站办理货物承运、保管、装卸和交付作业的场所，也是铁路与其他运输工具相衔接的场所。铁路货场是铁路货物运输生产过程的起点，也是终点，是铁路货物运输对外开展业务的营业场所,也是铁路货运产品的营销窗口。货运作业量较大的车站一般都设有铁路货场。

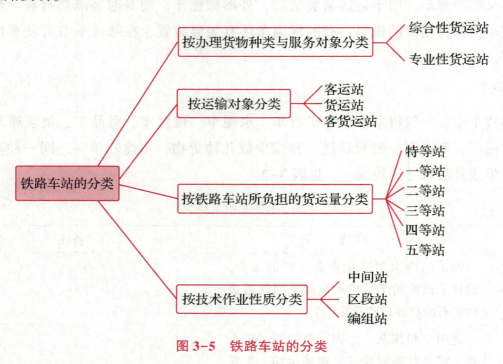

图 3-5 铁路车站的分类

二、铁路货物运输的种类

根据托运货物的重量、体积、性质、包装、形状和运送条件等,可将铁路货物运输分为整车运输、零担运输和集装箱运输,以及各种专列。

(一)整车运输

一批货物按照它的重量或体积需要单独使用 30t 以上的一辆或超过一辆的货车装运,或者虽然不能装满一辆货车,但是由于货物的性质、形状或运送条件等原因,必须单独使用一辆货车装运时,都应按整车方式运输。整车运输是铁路货物运输的主要形式,具有装载量大、运输费用较低、运输速度快、能承担的运量也较大等优势,适用于大宗货物的运输。

1. 整车运输的条件

按照《铁路货物运输规程》规定,下列货物限按整车运输办理:

(1) 需要冷藏、保温或加温运输的货物。

(2) 规定限按整车办理的危险货物。

(3) 易于污染其他货物的污秽品(例如,未经消毒处理或未使用密封不漏包装的牲骨、湿毛皮、粪便、炭黑等)。

(4) 蜜蜂。

（5）不易计算件数的货物。

（6）未装容器的活动物（铁路局规定在管内可按零担运输的除外）。

（7）一件重量超过2t、体积超过3m³或长度超过9m的货物（经发站确认不致影响中转站和到站装卸车作业的货物除外）。

2. 整车运输的要求

（1）整车货物以每一货车所装货物为一批，跨装、爬装及使用游车的货物以每一车组为批。

（2）承运人原则上按件数和货物重量承运，但对难以清点的也可以只按重量承运。

（3）货物重量由托运人确定。

（4）按照货物运输途中的特殊需要，允许托运人派人押送。

（5）允许在铁路专用线、专用铁路内装车或卸车。

3. 特殊的整车运输

（1）整车分卸：托运人托运同一到站的货物数量不足1车而又不能按零担办理，要求将同一线路上2个或最多不超过3个到站的货物合装一车时，按整车分卸办理。整车分卸只限按整车运输的货物。

（2）准、米轨直通运输：是指适用一份运输票据，跨及准轨与米轨铁路，将货物从发站直接运达到站。

（3）途中装卸：是指货车装车或卸车地点不在公共装卸场所，而在相邻的两个车站站界间的铁路沿线。途中装卸只限按整车运输的货物，托运人要求途中装卸时，必须在月度要车计划（铁路运输服务订单）上注明，经批准后方可办理。

4. 整车运输的流程

整车运输的流程如图3-6所示。

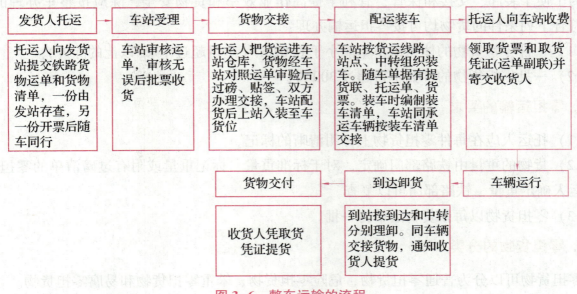

图3-6　整车运输的流程

铁路货物运单如图 3-7 所示。

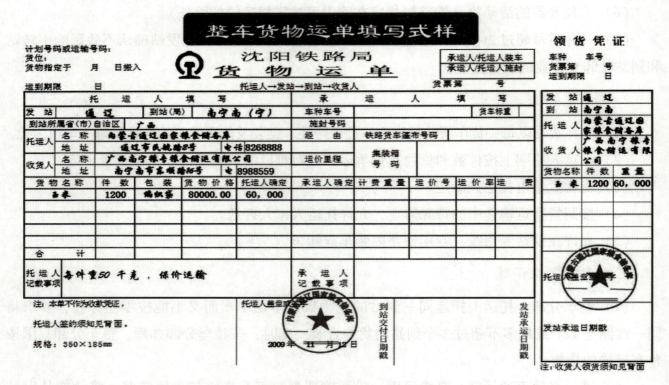

图 3-7 铁路货物运单

（二）零担运输

依据货物的性质、形状、运送条件等不需要单独使用一辆货车运输，可以与其他几批货物拼装一辆货车运送时，按零担方式运输。零担运输适用于运输小批量的零星货物。

1. 零担运输的条件

为了便于装卸、交接和保管，有利于提高作业效率和货物安全，除应按整车办理的货物外，符合下列条件的货物均可按零担运输办理：

（1）一件零担货物的体积最小不能小于 $0.02m^3$（重量超过 10kg 以上的除外）。

（2）一批零担货物的件数不得超过 300 件。

2. 零担运输的要求

（1）托运人应在每件零担货物上标明清晰的标记。

（2）货物的重量由铁路部门确定，对于标准重量、标记重量或附有过磅清单的零担货物，由承运人确定重量，铁路部门可以复查。

（3）零担货物以每张货物运单为一批。

3. 零担货物的分类

零担货物可以分为普通零担货物、危险零担货物、笨重零担货物和易腐零担货物。

（1）普通零担货物：简称普零货物，即以零担办理的可装棚车的普通货物。

（2）危险零担货物：简称危零货物，即以零担办理的可装棚车的危险货物。

（3）笨重零担货物：简称笨零货物，即单件重量在 1t 以上、体积在 $2m^3$ 以上或长度在 5m 以上需装敞车、吊装吊卸的货物。

（4）易腐零担货物：简称鲜零货物，即以零担办理的鲜活易腐货物。

4. 零担运输的种类

依据零担货物的流向流量、运距长短、集结时间和车站作业能力等因素，可将零担运输分为整装零担车与沿途零担车。装运零担货物的车辆称为零担货物车，简称零担车。零担车的到站必须是两个（普零）或三个（危零或笨零）以内的零担车，称为整装零担车，简称整零车，其分类如图 3-8 所示。沿途零担车简称沿零车，是指在指定区段内运行，装运该区段内各站发到的零担货物。

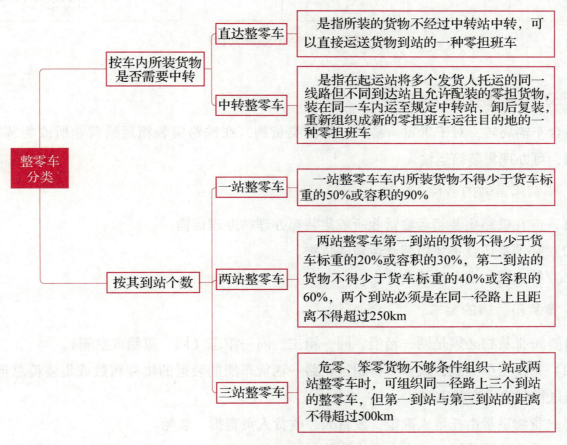

图 3-8 整零车的分类

两站整零车中以下三种情况不受距离限制：①第二到站货物的重量达到货车标重的 50% 或容积的 70%；②两个到站为相邻中转站；③第一到站是中转站，装至第二到站的货物符合第一到站的自然中转范围。

5. 零担运输的流程

零担运输的流程如图3-9所示。

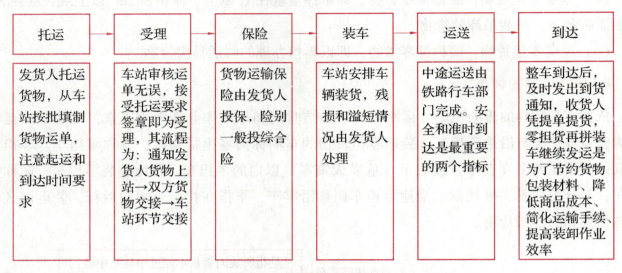

图3-9 零担运输的流程

（三）集装箱运输

适合车辆周转，对于贵重、易碎、怕湿类货物，在铁路集装箱运输营业所或集装箱办理站期间，可办理集装箱运输。

1. 集装箱运输的条件

（1）应在铁路集装箱运输营业所或集装箱办理站办理运输。

（2）必须是适合集装箱装载运输的货物。

（3）符合同一批办理的条件。

2. 集装箱运输的要求

（1）每批货物必须是同一箱型、同一箱主、同一箱态（同一重箱或空箱）。

（2）每批至少一箱，最多不得超过铁路一辆货车所能装运的集装箱数或集装箱总重之和，不能超过货车的容许载重量。

（3）货物重量由托运人确定，发货人、收货人负责拆、装箱。

（4）铁路按箱承运，不查点箱内货物。

（5）零担货物或使用集装箱运输的货物，以每张货物运单为一批。

3. 集装箱运输的种类

（1）集装箱定期直达列车具有定期、定线、定点运行，固定车底循环使用，对始端站要求不高，列车编组不专，一般20节车厢为一列等特点，在发达国家广为使用。

（2）集装箱专运列车：其特点在于不定期，可解决船期不定和货源不均衡等问题。

（3）一般快运列车：是指小批量集装箱编入快运列车的方式。

（4）普通货运列车：是指比一般快运车更小批量的集装箱编入普通列车装运。

4. 集装箱运输的流程

集装箱运输流程与零担运输流程一致，此处不再赘述。

（四）五定班列

"五定班列"是为适应市场经济发展，向社会提供优质服务而推出的新产品。即铁路开行的发到站间直通，运行线和车次全程不变，发到日期和时间固定，实行以列、组、车或箱为单位的报价包干办法，以"定点、定线、定车次、定时、定价"为特征的快运货物列车。它主要包括集装箱"五定"班列、鲜活"五定"班列和普通货物"五定"班列三种组织形式。

"五定班列"办理整车、集装箱和零担（仅限一站直达）货物，但不办理水陆联运、军运后付、超限、限速运行货物和运输途中需加水或转运途中需加冰、加盐的冷藏车的货物。

（五）行邮专列、行包专列

1. 行邮专列

行邮专列是使用行李车和邮政车编组，利用行包基地和客、货运站场及设备，整列装载行李、包裹和邮件的列车。它是为满足行业和社会物流发展需求，由原铁道部和国家邮政局实施战略合作，共同推出的货运专列，是我国铁路运输的最快运输方式之一。2004年5月18日，全国铁路京哈、京沪、京广三大运输干线首度开行了北京—上海、北京—广州、北京—哈尔滨三对特快行邮专列。目前共有分布于上海、广州、深圳、北京、哈尔滨、乌鲁木齐等地区的六大基地。行邮专列又可分为特快行邮专列和快速行邮专列两种。

2. 行包专列

行包专列是按照旅客列车运输方式组织，使用专用货车编组，利用行包基地和客、货运站场及设备，整列装载包裹等小件货物的列车。行包专列分为跨铁路局和局管内的行包专列两种。

运输实务

任务实施

步骤一：查询各种铁路运输方式（表3-3）

表3-3　各种铁路运输方式的名称和特点

运输方式	特点
整车货物运输	1. 货源相对单一。整车装载的货物是同一个托运人的，避免了货物之间的相互污染。这是许多货主选择整车运输的重要原因。 2. 运输过程中出现差错的可能性小。由于是整车运输，途中不进行装卸搬运，货物损坏、丢失的概率大为降低。 3. 运输组织工作较简单。在组织过程中，只要在装货点和卸货点交接清楚即可 4. 运费相对零担运输来说较低。整车运输中，单位货物的运输成本要比零担运输低
零担货物运输	1. 不稳定性：零担货物运输的流量、数量在一定程度上是不确定的，特别是由于不同地区产品和价格的差异，以及受季节性和交通状况的影响，采用运输合同的方式很难将其纳入计划管理的范围。 2. 工作环节复杂：货物运输包含许多环节，包括货物的种类和规格、详细的操作过程以及对货物装载的要求较高。因此，在零担货物的运输过程中完成大量的业务组织工作相当复杂，如零担货物质量的确认等。 3. 单位运输成本高：为满足零担运输的要求，货运站应设置一定的仓库、货物网格、平台、相应的装卸工具、器械和专用箱车。此外，与整车货物运输相比，零担货物的周转环节较多，更容易造成货物损坏和货源短缺，且补偿成本相对较高。因此零担货物运输成本相对其他运输方式来说更高。 4. 适应性强：零担运输属于柔性运输方式，适用于各种类型、小批量、多批次、货物少，不急着到达的货物，并且其灵活的运输方式可实现上门取货、送货上门、手续简单、有效缩短货物的交付时间、加快资金周转等。 5. 业务流程复杂：与整车运输相比，零担业务流程长，中转环节多，提货、仓储、分拣、积载、运输的时效性差。货源不确定、范围广，货物运输组织复杂。由于转运、交接、装卸等环节众多，货物毁损、短少的现象时有发生。流程主要包括货主仓库装货、专线仓库卸货、专线装卸平台装货、目的地仓库卸货、目的地配送装货、收货人仓库卸货
集装箱运输	集装箱运输具有其他交通运输方式不可替代的优势和特点，发展前景极其广阔，是交通运输业的发展方向。集装箱适于运输精密、贵重、易损的货物，但易污染、损坏箱体的货物（托运人自备箱除外），鲜活货物（经铁路局确定，在一定时间和区域内可以使用集装箱运输的除外）和危险货物（另行规定的除外）不能使用集装箱运输
五定班列	1. 运行快速：复线区间每天800km，单线区间每天600km。 2. 手续简便：一个窗口一次办理承运手续。 3. 一次收费：明码标价，价格合理。 4. 安全优质：保证运到时间，安全系数高

步骤二：分析铁路运输的意义

（1）运输能力大，这使它适用于大批量低值产品的长距离运输；

(2) 单车装载量大，加上有多种类型的车辆，使它几乎能承运任何货物，几乎可以不受重量和容积的限制；

(3) 车速较高，平均车速在五种基本运输方式中排在第二位，仅次于航空运输；

(4) 铁路运输受气候和自然条件影响较小，在运输的经常性方面占优势；

(5) 可以方便地实现驮背运输、集装箱运输及多式联运。

步骤三：分析铁路运输对于货运的促进性

(1) 铁路货车的通用性能好，重量大的货物、长大货物、军事武器，都可以使用铁路运输。

(2) 铁路运输具有安全、正点、可靠的优势，安全系数远高于公路运输，风险系数远比海上运输小。

(3) 铁路还是绿色节能环保的交通运输方式，电力牵引的方式，使得铁路的废气排放量远小于其他交通运输方式。

(4) 铁路运输受气候影响非常小，一年四季可以不分昼夜地进行定期的、有规律的、准确的运转。

(5) 铁路运输速度越来越快，随着动车时代的到来，铁路有了"陆地航空"的美称，铁路货运速度每昼夜可达几百千米，一般货车速度可达 100km/h 左右，远远高于海上运输。

(6) 铁路运输量巨大，国家加大投入修建新线和改建既有线，提高铁路运输能力，铁路一列货物列车一般能运送 3 000t 货物，而大秦线上，一列货车可包括 102 节载重 80t 的车皮，一列旅客列车能搭乘旅客几千人，远远高于航空运输和汽车运输。

(7) 铁路运输能源消耗较低，铁路运输耗油约是汽车运输的 1/20。

(8) 铁路运输成本低，铁路运输费用仅为汽车运输费用的几分之一甚至十几分之一。

步骤四：归纳铁路运输的特点

铁路运输是现代陆地运输方式之一，是使用在轨道上运行的列车载运旅客和货物的运输方式。它以机车或动车牵引车列沿着两条平行的钢轨运送旅客和货物。

步骤五：分析二十大报告提出的加快建设交通强国，铁道部的举措和未来发展

据经济日报 2023 年 1 月 3 日报道，截至 2022 年 11 月底，中国总投资超千亿元、跨越长江和杭州湾的通苏嘉甬高铁浙江段、江苏段同时启动，长三角铁路网迎来关键"一竖"，四通八达的轨道交通网络，为长三角区域一体化发展夯实了基础。

交通运输是中国现代化的开路先锋。党的二十大报告提出，要加快建设交通强国，作为重要的远距离、大运力交通运输方式，2022 年来，铁路部门坚决落实党中央、国务院部署，高效统筹疫情防控和经济社会发展，保运输、保投资、拓网络、补短板、提效率，为保障经济社会高效运转、推动区域一体化发展等做出了积极贡献。

多条新线贯通，通向人民江山路。"人民铁路为人民"是国家铁路的根本宗旨，铁路部门作为中国现代化开路先锋的重要组成部分，从北向南，由东往西，交错纵横，加密成型。2022

年12月30日，北京至唐山城际铁路、北京天津市滨海新区城际铁路宝坻至北辰段、兴国至泉州铁路清流至泉州段同步开通运营。全国铁路完成固定资产投资7109亿元，投产新线4100km，其中高铁2082km，既有发达地区的持续带动，更有中西部地区和贫困县区的重磅参与。

运输持续优化，化出需求服务路。铁路部门坚持以国家需求，社会需求，地区需求，人民需求为目标，不断提升服务水平。客运方面，运用12306查询、购票大数据精准分析客流走势，充分满足旅客出行需求；货运方面，优化铁路95306系统功能，设计创新更多适应市场需求的铁路货运产品，进一步提升便利化程度和旅客的服务体验。

推动多式联运，运出发展质量路。精准服务市场需求，在现有的铁水联运、公铁联运基础上的积极尝试，为广大旅客提供"无缝衔接、中转高效"的空铁联运服务产品，以小球碰大球推动交通运输高质量发展。未来，可以预见，铁路、公路、水路、管网将实现规模化、集约化的运输生产过程，带动运输行业趋向数字化、智能化的发展道路。

铁路是国家经济大动脉，铁路运输与其他运输方式相比较，具有自己的特点，其详情见表3-4。

表3-4　铁路运输的特点及详情

特点	详情
运输的适应性、连续性强	铁路几乎可以在任何需要的地方修建，铁路运输受地理和气候等自然环境条件的限制很小，可持续性进行定期的、有规律的、准确的运转
运行速度快，运输能力强	铁路货运平均车速仅次于航空运输，一条铁路每年可运输0.5亿~2亿t货物，运输能力远高于航空运输和汽车运输
中长距离运输成本低，环境污染小	铁路运输成本较低，能耗小；对空气、陆地的污染较低且噪声较小
投资成本高	铁路运输需要铺设轨道、建造路基、站场、桥梁和隧道等，工程艰巨复杂，建设时间长，其初期投资大大超过其他运输方式
缺乏灵活性，无法实现门到门服务	铁路车站固定，无法随处停车，只能在固定线路上运行
不适宜紧急运输	铁路货车编组、转轨需要时间，货物滞留时间长

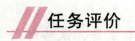

任务评价见表3-5。

项目 3　了解铁路运输

表 3-5　任务评价

被评考人			考评任务：认识铁路货物运输			
考评步骤	考评内容及分值		自我评价（30%）	小组评议（40%）	教师评价（30%）	合计得分（100%）
步骤一	认识铁路运输的概念及特点（30分）					
步骤二	分析铁路运输的意义（30分）					
步骤三	分析铁路运输对于货运的促进性（40分）					
综合评定						
考评标准	资料准备	知识掌握	语言表达	团队合作	沟通能力	合计得分
分值	20	30	20	15	15	
注：任务总评得分=考评步骤（70%）+综合评定（30%）			任务总评得分			

任务 2　办理铁路运输业务

任务描述

如何办理铁路货运手续

北京一达物流运输公司的主管李琦已经让李明等人对公路运输做了详细而全面的了解，为了尽快掌握整个铁路运输流程，李琦决定先让李明等人学会运输的流程。恰逢公司的长期客户上海民食有限公司现需将 60t 玉米运到湖南的惠丰养殖场，由于需求紧急，收到上海民食有限公司的运输请求后，北京一达物流运输公司迅速调动人员和车辆，展开此次运输任务。

李琦将此任务交给李明等人，要求他们模拟完成此次运输任务的发送作业，他们应该怎么完成呢？

知识链接

一、概念

铁路整车运输是指凡一批货物的重量、性质、体积、形状需要以 1 辆或 1 辆以上货车装运的，均按整车条件运输。整车运输装载量大、运输费用较低、运输速度快，是铁路运输的主要运输形式。

※【小贴士】

由于性质、运输方式和要求不同，下列货物不能一起运输。

(1) 易腐货物和非易腐货物。

(2) 危险货物和非危险货物。

(3) 根据货物的性质不能混装的货物。

(4) 投保运输险的货物和未投保运输险的货物。

(5) 按保价运输的货物和不按保价运输的货物。

(6) 运输条件不同的货物。

不能按一批运输的货物，在特殊情况下，如不影响货物安全、运输组织和赔偿责任的，经铁路有关部门认可也可按一批运输。

二、整车运输具备的条件

1. 货物的重量或体积

我国现有的货车以棚车、敞车、平车和罐车为主。标记载重量（简称为标重）大多为 50t 和 60t，棚车容积在 100m³ 以上，达到这个重量或容积条件的货物，即应按整车运输。

2. 货物的性质或形状

(1) 需要冷藏、保温或加温运输的货物。

(2) 规定限按整车办理的危险货物（装入铁路批准使用爆炸品保险箱运输的除外）。

(3) 易于污染其他货物的污秽品（经过卫生处理不致污秽其他货物的除外）。

(4) 不易计算件数的货物。

(5) 单件货物质量超过 2t、体积超过 3m³ 或长度超过 9m 的货物（经发站确认不影响中转站和到站装卸作业的除外）。

(6) 未装容器的活动物。

三、整车分卸运输

整车分卸是铁路为了使托运人能经济地运输，其数量不足一车，而又不能按零担运输办理的货物的一种特殊的运输方式。

(1) 必须是限按整车办理的货物，第一分卸站的货物数量不足一车，装在同一车内作为一批运输。

(2) 分卸站必须在同一经路上，且最多不超过 3 个到站。

(3) 应在站内公共装卸场所卸车，不能在专用线、专用铁路卸车。

项目3　了解铁路运输

（4）使用冷藏车装运需要制冷或保温的货物和不易计算件数的货物，不得按整车分卸办理。

四、货车施封的规定

施封的目的是贯彻责任制，划分铁路与托运人或铁路内部各部门对货物运输的完整应负的责任。凡使用棚车、冷藏车、罐车运输的货物，应由组织装车的单位负责施封。但派有押运人，需要通风运输的货物以及组织装车单位认为不需要施封的货物，可以不施封。施封的货车应使用粗铁丝将两侧车门上部门扣和门鼻拧固并剪断燕尾，在每一车门下部门扣处施封锁一枚。施封后须对施封锁的锁闭状态进行检查，确认落锁有效，车门不能拉开。在货物运单或者货车装载清单和货运票据封套上记明 F 及施封号码（如 F146355、146356）。

卸车单位在拆封前，应根据货物运单、货车装载清单或货运票据封套上记载的施封号码与施封锁号码核对，并检查施封是否有效。拆封时，从钢丝绳处剪断，不得损坏站名、号码。拆下的施封锁，对编有记录涉及货运事故的，自卸车之日起，须保留 180 天备查。

※【小贴士】

发现施封锁有下列情形之一，即按失效处理：
（1）钢丝绳的任何一端可以自由拔出，锁芯可以从锁套中自由拔出。
（2）钢丝绳断开后再接，重新使用。
（3）锁套上无站名、号码或站名和号码不清、被破坏。

五、铁路整车运到期限计算

铁路在现有技术设备条件和运输工作组织水平基础上，根据货物运输种类和运输条件将货物由发站运至到站而规定的最长运输限定天数，称为货物运到期限。

铁路承运货物的期限从承运货物的次日起按以下规定计算：货物运到期限按日计算。起码日数为 3 天，即计算出的运到期限不足 3 天时，按 3 天计算。

（一）货物发送期间（$T_发$）

货物发送期间是指车站完成货物发送作业的时间，包括发站从货物承运到挂出的时间。货物发送期间（$T_发$）为 1 天。

（二）货物运输期间（$T_运$）

货物运输期间是指货物在途中的运输天数，每 250 运价公里①或其未满为 1 天；按快运办理的整车货物每 500 运价公里或其未满为 1 天。

（三）特殊作业时间（$T_特$）

特殊作业时间是为某些货物在运输途中进行作业所规定的时间，具体规定如下：

（1）需要中途加冰的货物，每加冰 1 次，另加 1 天。

（2）整车分卸货物，每增加 1 个分卸站，另加 1 天。

（3）准轨、米轨间直通运输的货物另加 1 天。

若运到期限用 T 表示，则：$T = T_发 + T_运 + T_特$。

※【小贴士】

货物运到逾期

当货物的实际运到天数超过规定的运到期限时，即为运到逾期。若货物运到逾期，不管收货人是否因此受到损害，铁路均应向收货人支付违约金。违约金的数额是根据逾期天数，按承运人所收运费的百分比进行计算的。

❖【练一练】

某托运人欲从北京托运一批冷冻货物到广州，经过上海和长沙时加冰，运价里程为 1 460km。求其运到期限。

六、铁路整车运输费用计算

（一）确定运价里程

按《中华人民共和国铁道部地方铁路货物运价里程表》算出发站至到站的运价里程，计算货物运费的起码里程为 100km。

说明：本里程表是根据铁路货运运价里程表规定的接算站计算的，当两个车站有两条以上路径时，选择最短的路径或直通快车运行的路径计算。

（二）确定货物的运价等级（运价号）

根据货物运单上填写的货物名称查找铁路货物运输品名分类与代码表（表 3-6）。

---

① 运价公里指每吨货物运输 1 公里需要的运费。

表 3-6　铁路货物运输品名分类与代码表（部分）

代码	货物品类	代码	货物品类	代码	货物品类	代码	货物品类
1	煤	8	矿物性建材	15	化工品	22	食品及烟草
2	石油	9	水泥	16	金属制品	23	纺织品和皮毛制品
3	焦炭	10	木材	17	工业机械	24	纸和其他文教用品
4	金属矿石	11	粮食	18	电子电气机械	25	药品
5	钢铁及有色金属	12	棉花	19	农业机具	……	……
6	非金属矿石	13	化肥及农药	20	鲜活货品	99	其他货物
7	磷矿石	14	盐	21	农副产品	……	……

（三）查出适用的运价率

根据运价号在铁路货运价率表中查出适用的运价率（发到基价，表 3-7）。

表 3-7　铁路货物运价率表

办理类别	运价号	基价 1		基价 2	
		单位	标准	单位	标准
整车	1	元/t	8.50	元/(t·km)	0.071
	2	元/t	9.10	元/(t·km)	0.080
	3	元/t	11.80	元/(t·km)	0.084
	4	元/t	15.50	元/(t·km)	0.089
	5	元/t	17.30	元/(t·km)	0.096
	6	元/t	24.20	元/(t·km)	0.129
	机械冷藏车	元/t	18.70	元/(t·km)	0.131
零担	21	元/10kg	0.188	元/(10kg·km)	0.0010
	22	元/10kg	0.263	元/(10kg·km)	0.0014
集装箱	20 英尺箱	元/箱	449.00	元/(箱·km)	1.98
	40 英尺箱	元/箱	610.00	元/(箱·km)	2.70

（四）确定货物的计费重量

整车货物以吨为单位，吨以下四舍五入，整车货物除下列情况外，一般按货车标准记载重量，作为计费重量，货物重量超过标准重时按货物重量计费。

（1）使用矿石车、平车、砂石车经铁路局批准装运铁路货物运输品名分类的代码表，

"01""0310""04""06""081"和"14"类货物按40t计费，超过时按货物重量计费。

（2）使用自备冷板冷藏车装运货物时按50t计费；使用自备机械冷藏车装运货物时按60t计费；使用标重低于50t、车辆换长小于1.5m的自备罐车装运货物时按50t计费。

（3）标重不足30t的家畜车，计费重量按30t计算。

（4）铁路配发计费重量高的货车代替托运人要求计费重量低的货车，如托运人无货加装，按托运人原要求车的计费重量计费。例如，托运人在某站托运化工机械设备1套，货物重量为15.7t，托运人要求用40t敞车装运，经调度命令以一辆50t敞车代用，托运人无货加装，则其计费重量按40t计算。若有货物加装，如加装5t，则按加装后50t标重计费。

（五）计算运价

货物适用的发到基价加上运行基价与货物的运价里程相乘之积后，再与按本规则确定的计费重量（集装箱为箱数）相乘，计算出运费。

运费=（发到基价+运行基价×运价里程）×计费重量

（六）计费其他费用

1. 铁路建设基金

铁路建设基金=费率×计费重量×运价里程

铁路建设基金费率表（部分）见表3-8。

表3-8 铁路建设基金会费用率表（部分） %

项目种类	计算单位	农药	磷矿石、棉花	其他货物
整车货物	元/(t·km)	0.019	0.028	0.033
零担货物	元/(10kg·km)	0.00019	0.00033	

2. 铁路电气化附加费

电气化附加费=费率×计费重量×电化里程

铁路电气化附加费费率表见表3-9。

表3-9 铁路电气化附加费费率表 %

项目种类	计费单位	费率
整车货物	元/(t·km)	0.00700
零担货物	元/(10kg·km)	0.00007

3. 新路新价均摊运费

新路新价均摊运费=均摊运价率×计费重量×运价里程

新路新价均摊运费费率表见表3-10。

表 3-10　新路新价均摊运费费率表　　　　　　　　　　　　　　　　　%

项目种类	计算单位	费率
整车货物	元/(t·km)	1
零担货物	元/(10kg·km)	0.001 1

4. 印花税

印花税以每张货票计算，按运费的5%计收。运费不足200元的免印花税。

（七）计算杂费

铁路货运杂费是铁路运输的货物自承运至交付的全过程中，铁路运输企业向托运人、收货人提供的辅助作业、劳务，以及托运人或收货人额外占用铁路设备，使用用具、备品所发生的费用，简称货运杂费。货运杂费有以下内容：

（1）使用冷藏车运输货物的杂费。

（2）使用铁路专用货车运输货物，除核收运费外，还应该核收专用货车使用费。

（3）使用长大货物车（D型车）运输货物的杂费。

（4）准轨、米轨间整车货物直通运输的换装费。

（5）运输里程在250km以上的货物，核收货车中转作业费。

（6）派有押运人押运的货物，核收押运人乘车费。

（7）承运后发现托运人匿报、错报货物品名填写运单，致使货物运价减收或危险货物匿报、错报货物品名按普通货物运输时，按此核收全程正常运费两倍的违约金，不另收运费差额。

（八）运输费用总额

$$运输费用=运费+其他费用+杂费$$

每项运费、杂费的尾数不足0.1元时按四舍五入处理。

七、铁路整车运输作业流程

铁路整车实行计划运输，发货人要求铁路部门运输整车货物前，于当月上旬向铁路部门提出下月要车计划，并填写铁路要车计划表（表3-11）交车站审核。经车站审核后的要车计划表，汇总形成月度运输计划，上报审核，审批后下达。

表 3-11　铁路要车计划表

序号	到站		收货单位		货物品类			车种车数		发站	
	局	车站	名称	电话	名称	代号	重量	车种	车数	局	车站
1											
2											
3											
合计											
其他要求事项					承运人签字					年　月　日	

任务实施

步骤一：北京物流运输公司了解承担货运工作车站

了解该站的性质，看对于自己所要托运的货物有无限制。

步骤二：北京物流运输公司申报货运计划

申报计划有两种形式，一种是月计划，另一种是日常计划。

步骤三：北京物流运输公司完成申报后实施货物进站

在计划得到批准后，可以向车站提出进货的要求，并申请货位，得到允许后，即可进货。

步骤四：北京物流运输公司报请求车

在货物准备齐后，按批准的月计划和日常计划，每个车皮要提交一份填写好的货物运单，申报日请求车。

步骤五：实施装车

空车皮送到装车地点后，车站即应迅速组织装车。由上海民食有限公司组织装车的，其也应及时组织好，保证快速、安全地装好车。

步骤六：运送

车辆装好以后，铁路运输部门及时联系挂车，使货物尽快运抵到站。

项目 3　了解铁路运输

任务评价

任务评价见表 3-12。

表 3-12　任务评价

被评考人			考评任务：办理铁路运输业务			
考评步骤	考评内容及分值		自我评价（30%）	小组评议（40%）	教师评价（30%）	合计得分（100%）
步骤一	认识铁路运输的概念及特点（40分）					
步骤二	了解我国铁路货物运输的发展现状（30分）					
步骤三	清楚铁路货物运输定额种类（30分）					
综合评定						
考评标准	资料准备	知识掌握	语言表达	团队合作	沟通能力	合计得分
分值	20	30	20	15	15	
注：任务总评得分＝考评步骤（70%）+综合评定（30%）			任务总评得分			

任务 3　操作铁路零担运输

任务描述

铁路零担货物运输

　　内蒙古自治区呼和浩特市新城诚信经销部向南京铁路分局化鱼山火车站发送货物运输合同。合同表明 2020 年 11 月 3 日，内蒙古自治区呼和浩特市新城诚信经销部委托呼和浩特火车站客货服务公司将其收购的葵花籽（34 650kg，共 770 件），按零担方式发运。

　　问：南京铁路分局化鱼山火车站铁路如何操作本单零担货物。

知识链接

一、零担运输

1. 零担运输的概念

零担运输是指一批货物的重量、体积、形状和性质不需要单独使用一辆货车装运，并据

此办理承托手续、组织运送和计费的运输活动。

2. 零担运输的条件

为了便于装卸、交接和保管，有利于提高作业效率和货物安全，除应按整车办理的货物外一件体积最小不得小于 $0.02m^3$（一件重 10kg 以上的除外）、每批件数不超过 300 件的货物，均可按零担运输办理。

3. 零担货物的种类

零担货物的种类见表 3-13。

表 3-13 零担货物的种类

种类	详情	备注
普通零担货物	以零担办理的普通货物，使用棚车装运	简称普零货物
危险零担货物	即以零担办理的危险货物，使用棚车装运	简称危零货物
笨重零担货物	是指一件重量在 1t 以上，体积在 $2m^3$ 或长度在 5m 以上，需要以敞车装运的货物	简称笨零货物，货物的性质适宜敞车装运和吊装吊卸的货物
鲜活零担货物	是指在铁路运输过程中需要采取制冷、加温、保温、通上水等特殊措施，以防止腐烂变质或死亡的货物，以及其他托运人认为须按鲜活货物运输条件办理的货物	简称鲜零货物，（鲜活货物分为易腐货物和活动物两大类。易腐货物主要包括肉、鱼、蛋、奶、鲜水果、鲜蔬菜、鲜活植物等；活动物主要包括禽、畜、蜜蜂、活鱼、鱼苗等）使用保温车装运

二、铁路零担运到期限计算

铁路承运货物的期限从承运货物的次日起按下列规定计算：货物运到期限按日计算，起日数为 3 天，即当计算出的运到期限不足 3 天时，按 3 天计算。

1. 货物发送期间

货物发送期间是指车站完成货物发送作业的时间，它包括分站从货物承运到挂出的时间。货物发送期间（$T_发$）为 1 天。

2. 货物运输期间

货物运输期间（$T_运$）是货物在途中的运输天数，每 250 运价公里或其未满为 1 天。

3. 特殊作业时间

特殊作业时间（$T_特$）是为某些货物在运输途中进行作业所规定的时间，具体规定如下。

(1) 需要中途加冰的货物，每加冰1次，另加1天。

(2) 运价里程超过250km的零担货物另加2天，超过1 000km的加3天。

(3) 超过2t、体积超过3m³或长度超过9m的零担货物，另加2天。

(4) 准轨、米轨间直通运输的货物另加1天。

(5) 若运到期限用T表示，则：$T=T_发+T_运+T_特$。

三、铁路零担运输组织流程

（一）申请托运

托运人向承运人提出运输要求，并填写货物运单。所托运的货物应符合一批的要求，且货物已准备就绪，随时可以移交承运人。

※【小贴士】

零担货物的承运方式

1. 随到随承运

为方便承运人，车站可采取随到随承运的方式，因为托运人发送货物是随机的，事先无法计划，只能是承运以后，在车站仓库内进行集结，所以仓库设备利用效率低，货物集结时间长，不利于组织直达整零车或中转整零车。

2. 计划受理（预先审批运单）

在零担货物运量较小而货物去向又分散的车站，可采用这种方式。计划受理是由托运人提前向车站提出运单，车站对所提运单实行集中审批。当发送某一到站或去向的货物能够配装一辆整零车时，则通知托运人按指定日期进货，使货流集中。采用此方法，加强了零担货物运输的计划性，提高了零担货物运输的组织水平，但是容易造成货物在承运前的积压。

(1) 日历承运与预先审批运单相结合。也就是车站按承运日期表进货和承运，但托运单位必须在承运日之前向车站提交运单，经审批后再指定进货日期和货位。

(2) 预先集中审批运单。托运单位事先向车站提交运单，定期根据所提出的运单进行集配，组织成各种零担车，并根据车站设备和作业能力加以平衡，分别指定进货日期。

3. 承运日期表

(1) 承运日期表：是车站有计划组织零担货物运输的主要方式，这种方式是车站在掌握货物流量、流向基本规律的前提下，按主要到站或方向分别安排承运日期，事先公布，托运人按规定的日期办理托运。

(2) 特点：可以使托运人事先了解车站对各主要到站或方向分别的收货日期，及时做好托运的准备工作，做到有计划托运；可将分散的零担货流按主要到站或方向集结，便于配装整零车；车站可以平衡安排日间作业量，提高车站货运设备的利用效率；可以有计划地配送空车和按主要到站、中转站组织整零车。

（二）受理托运

对托运人提出的货物运单，经审查符合运输要求，承运人在货物运单上签上货物搬入或装车日期即为受理。

（三）货物交接

托运人凭车站签证后的铁路货物运单（表3-14），按指定日期将货物搬入货场指定的货位。

表 3-14　铁路货物运单

铁路局

承运人/托运人　　　　　　　　　承运人/托运人　　货物指定于　月　日搬入

计划号码或运输号码：　　　　　　货票第　号

运到期限：日

发站		到站（局）		车种车号		货车标重		承运人/托运人装车		
所站所属省（市）自治区						施封号码				
托运人	名称				经由			铁路货车篷布号码		
	住址		电话							
收货人	名称				运价里程			集装箱号码		
	住址		电话							
货物名称	件数	包装	货物价格	托运人确定重量	承运人确定重量	计费重量		运价号	运价率	运费
合计										
托运人记载事项							承运人记载事项			
注：本单不作为收款凭证，托运人签约须知见背面		托运人签字或盖章								
		年　月　日		到站交付日期戳				发站承运日期戳		

应根据货物运单核对是否符合签证上的搬入日期,品名与现货是否相等。

(四) 核算制票

整车货物交接完后,托运人凭签收的货物运单到货运室核收运杂费,并填制货票,见表 3-15。

表 3-15 货票

领货凭证			
车种及车号			
货票第　　　号			
运到期限　　　日			
	发站		
	到站		
	托运人		
	收货人		
货物名称	件数		重量
托运人签字			
发站承运日期戳			

(五) 货物装车

1. 装卸车作业的责任范围

(1) 在车站公共装卸场所(货场)装卸车的货物,一般由承运人负责。

(2) 在其他场所(专用铁路和铁路专用线)装卸车的货物,由托运人或收货人负责。

(3) 有些货物虽然在车站公共装卸场所(货场)进行装卸作业,但由于在装卸作业中需要特殊的技术、设备、工具,仍由托运人或收货人负责。

2. 装车前的检查

(1) 运单检查:车种吨位与计划表是否符合、到站有无停限装、整车分卸的倒装顺序、运单内有无其他事项。

（2）货物检查：件数、品名、堆码货位号与运单是否相符，加固材料及装车备品是否齐全，同一货位上有无易混淆货物。

（3）车辆检查：货车是否符合使用条件，状态是否良好，车内是否干净。

3. 装车

装车时，必须核对运单、货票、实际货物，保证运单（表3-16）、货票、货物"三统一"，要认真监装，做到不错装、不漏装、巧装满装。装车过程中，要严格按照有关规定办理，对货物装载数量和质量进行检查。

表3-16 运单

发站		到站（局）		车种车号		货车标重		承运人/托运人装车	
经由		货物运到期限		铁路篷布号码				承运人/托运人施封	
				施封号码					
运价里程		集装箱号码		保价金额				现付金额	
							费别	金额	
托运人名称及地址						运费			
收货人名称及地址						建设基金			
货物名称	品名代码	件数	货物重量	计费重量	运单号	运价率	电气化附加费		
							印花税		
							京九分流费		
合计									
记事						合计			
收货人签字或盖章			到站交付日期戳				发站承运日期戳		

4. 装车后检查

（1）车辆装载检查：装载是否稳妥、捆绑是否牢固、施封是否符合要求等。

（2）货位检查：货位有无漏装。

（六）货物运输的途中作业

1. 行车安全检查

为保证行车安全和货物的完整性，装载货物的车辆在运行一段距离后，应进行货车货物整理作业。

2. 货运合同的变更

（1）货运合同变更的种类。

1）变更到站。

2）变更收货人。

（2）货运合同变更的限制。

铁路是按计划运输货物的，货运合同变更必然会给铁路运输工作的正常秩序带来一定的影响，所以对有些情况承运人不受理货运合同的变更。

3. 运输阻碍的处理

因不可抗力的原因致使行车中断，货物运输发生阻碍时，铁路局对已承运的货物，可指示绕路运输；或在必要时先将货物卸下，妥善保管，待恢复运输时再行装车继续运输，所需装卸费用，由装卸作业的铁路局负担。因货物性质特殊，绕路运输或卸下再装，造成货物损失时，车站应联系托运人或收货人请其在要求的时间内提出处理办法，如超过要求时间未接到答复或因等候答复使货物造成损失时，可比照无法交付货物处理，所得剩余价款，通知托运人领取。

（七）货物到达与交付

货物到达作业也就是货物在到站进行的货运作业，包括收货人向承运人的到站查询、缴费、领货、接受货物运单，与到站共同完成交付手续；到站向收货人发出货物催领通知，接受到货查询、收费、交货、交单，与收货人共同完成交付手续；由铁路组织卸车或收货人自己组织卸车，到站向收货人交付货物或办理交接手续，到达列车乘务员与到站人员的交接，亦为到达作业。

任务实施

步骤一：受理

（1）南京铁路分局化鱼山火车站检查货物运单填记。

①对托运人提出的货物运单逐项检查；填记是否齐全、正确、清楚。

②检查有无托运人签名或盖章。

（2）南京铁路分局化鱼山火车站检查到站信息。

①检查到站、站名、局别填写是否正确。

②检查是否符合到站营业办理限制，有无停止受理命令。

③检查到站所属省、市、自治区与收货人地址。

④检查是否符合卸车站起重能力。

（3）南京铁路分局化鱼山火车站确定品名。

①检查货物品名填写是否明确、具体，有无一批办理限制及政令限制。

②检查物品清单的内容是否详细具体。
③检查货物品名是否符合零担办理条件。
（4）南京铁路分局化鱼山火车站审查凭证。
①检查凭证运输的证明文件是否符合规定。
②检查证明文件是否在货物运单内注明。
（5）南京铁路分局化鱼山火车站检查其他内容。
①检查货物件数、包装重量。
②检查托运人和收货人的名称、地址、邮政编码、电话号码是否详细、具体、清晰。
③检查货物外形尺寸填记是否符合零担办理条件。
④加盖受理日期戳。

步骤二：承运前检查

（1）检查有无"受理"章和指定进站日期和库区等有关戳记。
（2）按照货物运单记载的货物名称、件数与现货核对，并按规定开包检查。个人物品包装、编号、名称与物品清单核对。
（3）检查有无危险货物，是否符合按一批托运的规定。
（4）检查是否符合运输包装规定。
（5）检查按包装试运办理的货物是否符合试运协议的包装要求。
（6）检查笨重货件上是否标明货物重量、起吊位置、重心点和体积（长×宽×高）。

步骤三：装车

（1）接车。
①向货物调度人员报告待装货物、到站、车种、车数，检查货物与线路间的安全距离。
②送车时联系调车组，核对好库门、货位。
③确认并抄录车种、车号。
（2）装车前检查。
①检查货物体积，清点件数，进行票货核对。
②检查货车门窗、车体状态（包括透光检查）、车辆标记以及有无通行限制和扣修通知。
③检查车内是否清洁，有无恶臭刺激异味和毒害品标志以及回送洗刷标志。
④检查车体内部是否存有非车辆结构的突出物和残留货物。
（3）监装。
①向货物调度人员报告车种、车号、到站，以及装车开始时间，预计装完时间。
②指导装卸工装车，纠正违章作业，掌握作业进度，逐批抽检标记，货签。
③按规定会同有关人员监装重点货物。
④填制重点货物、笨重货物、装载示意图。

⑤检查货物装载加固以及货车的门窗关闭状态。
⑥检查作业范围内有无遗漏货物。
⑦按规定施封或检查篷布苫盖情况。
⑧报告装车完毕时间。

任务评价

任务评价见表3-17。

表3-17 任务评价

被评考人		考评任务：操作铁路零担运输			
考评步骤	考评内容及分值	自我评价（30%）	小组评议（40%）	教师评价（30%）	合计得分（100%）
步骤一	是否计算出发站至到站的运价里程（10分）				
步骤二	是否确定使用了运价号（10分）				
步骤三	是否正确查出适用的运价率（发到基价和运行基价）（20分）				
步骤四	是否确定了货物计费重量（30分）				
步骤五	计算其他费用（10分）				
步骤六	计算杂费（10分）				
步骤七	是否计算了运输费用总额（10分）				
综合评定					
考评标准	资料准备	知识掌握	语言表达	团队合作	沟通能力	合计得分
分值	20	30	20	15	15	
注：任务总评得分=考评步骤（70%）+综合评定（30%）			任务总评得分		

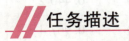

计算铁路货物运输运费

铁路运费的计算

任务描述

某托运人在兰州西站向银川站发机械设备一台，货重24 000kg，使用一辆50t货车装运，请计算其运费。

一、运输费用的计算

（1）计算运输费用的基本依据是《铁路货物运价规则》（以下简称《价规》）。

（2）查出发站至到站的运价里程。

（3）从《铁路货物运输品名分类与代码表》（《价规》附件一）和《铁路货物运输品名检查表》（《价规》附件三）查出该品名的适用运价号。

（4）按适用的货物运价号，依《价规》附录计算出货物单位重量（整车为吨，零担为10kg，集装箱为箱）的运费。单位重量运费与货物总重量相乘，即为该批货物的运费。

（5）依《价规》附录一、附录二和附录三的规定，分别计算货物的电气化附加费、新路新价均摊运费、建设基金3项费用，再与运费相加，即为货物的运输费用。

（6）杂费按《价规》的规定核收。

铁路货物运价率见表3-18。

表3-18 铁路货物运价率

办理	类别	运价号	基价1		基价2	
			单位	运输费率	单位	运输费率
整车		1	元/t	5.60	元/(t·km)	0.030 8
		2	元/t	6.30	元/(t·km)	0.034 9
		3	元/t	7.40	元/(t·km)	0.040 5
		4	元/t	9.30	元/(t·km)	0.045 4
		5	元/t	10.20	元/(t·km)	0.051 1
		6	元/t	14.60	元/(t·km)	0.072 4
		加冰冷藏车	元/t	9.20	元/(t·km)	0.052 6
		机械冷藏车	元/t	11.20	元/(t·km)	0.075 0
零担		21	元/10kg	0.115	元/(10kg·km)	0.000 52
		22	元/10kg	0.165	元/(10kg·km)	0.000 72
集装箱		1t 箱	元/箱	10.00	元/(箱·公里)	0.034 8
		10t 箱	元/箱	118.50	元/(箱·公里)	0.440 2
		20 英尺箱	元/箱	215.00	元/(箱·公里)	0.967 4
		40 英尺箱	元/箱	423.00	元/(箱·公里)	1.518 4

货物单位重量的运费计算方法：

整车货物每吨运价＝基价1+基价2×运价公里

零担货物每10kg运价＝基价1+基价2×运价公里

集装箱货物每箱运价＝基价1+基价2×运价公里

常用铁路运输货物整车运价号见表3-19。

表3-19 常用铁路运输货物整车运价号

货物品名	运价号	货物品名	运价号	货物品名	运价号
煤	4	洗精煤	5	水泥	5
化肥	2	粮食	2	食用盐	1
钢材	5	渣油	7	汽柴油	7
原油	7	铝锭	5	硅铁	5
电石	7	石灰氮	7	木材	5
焦炭	4	机械设备	8	白糖	6
纸	6	卷烟	6	烟叶	4
苹果	6	土豆	2	石膏	2

二、货物计费重量的确定

（1）整车是以吨为单位，吨以下四舍五入。

（2）零担是以10kg为单位，不足10kg进为10kg。

（3）集装箱是以箱为单位。每项运费的尾数不足1角时，按四舍五入处理。

（4）各项杂费不满1个计算单位的，均按1个计算单位计算。

（5）零担货物的起码运费是每批2元。

三、《价规》所附几项运输费用核收方法

1. 铁路电气化附加费核收办法

凡货物运输中途经过表3-20所列电气化区段时，均按《铁路电气化附加费核收办法》（《价规》附录一）的规定收取电气化附加费。

表 3-20 铁路电气化区段表

序号	线名	电化区段	区段里程/km	序号	线名	电化区段	区段里程/km
1	津山线	南仓—天津	7	37	口泉线	平旺—口泉	10
2	津山线	狼窝铺—山海关	143	38	宝中线	虢镇—迎水桥	502
3	丰台西线	丰台—丰台西	5	39	干武线	干塘—武威南	172
4	丰双线	丰台—双桥	37	40	汤鹤线	汤阴—鹤壁北	19
5	京哈线	北京—狼窝铺	167	41	马磁线	马头—新坡	12
6	京哈线	秦皇岛—哈尔滨	958	42	侯月线	侯马北—翼城东	50
7	京包线	沙城—大同	252	43	平汝线	石嘴山—大武口	11
8	大秦线	韩家岭—柳村南	652	44	成昆线	成都—昆明东	1 108
9	段大线	段甲岭—大石庄	7	45	小梨线	小南海—梨树湾	23
10	丰沙线	丰台—沙城	104	46	西重线	西永—重庆	24
11	京广线	丰台—棠溪	2 281	47	湖大线	湖东—大同东	21
12	武昌南线	武昌南—武昌东	24	48	渡口线	三堆子—密地	10
13	孟宝线	孟庙—平顶山东	64	49	广州线	棠溪—广州	3
14	石太线	石家庄—太原北	251	50	广九线	广州—深圳北	147
15	北同蒲线	大同—太原北	347	51	成都北线	青白江—成都东	37
16	玉门沟线	太原北—玉门沟	22	52	外南线	外洋—南平南	29
17	太焦线	长治北—焦作北	170	53	峰福线	南平南—福州东	158
18	汉丹线	襄樊—老河口东	57	54	福马线	福州东—樟林	4
19	襄渝线	老河口东—小南海	850	55	沈大线	沈阳北—沙河口	396
20	鹰厦线	鹰潭—厦门	694	56	大连东线	沙河口—大连北	4
21	沪昆线	上海—昆明	2 638	57	盘西线	沾益—柏果	94
22	改湖线	改貌—湖潮	27	58	内六线	内江—豆坝	134
23	贵大线	大土—贵阳南	13	59	六盘水南线	六盘水—六盘水南	13
24	陇海线	徐州北—兰州北	1 567	60	新焦线	新乡—焦作北	62
25	兰新线	兰州西—嘉峪关	759	61	成都西线	成都南—郫县	22
26	西固城线	兰州西—西固城	21	62	京沪线	北京—上海	1 450
27	焦柳线	月山—关林	129	63	济南线	桥南—党家庄	33
28	怀化南线	怀化—怀化南	4	64	南京西线	南京—南京西	4
29	宝成线	宝鸡—成都东	673	65	徐州西线	夹河寨—徐州西	12
30	阳安线	阳平关—安康	356	66	向梁线	向塘西—梁家渡	6
31	成渝线	成都东—重庆	500	67	向潭线	向塘西—潭岗	11
32	川黔线	小南海—贵阳南	438	68	胶济线	济南—青岛	385
33	贵西线	贵阳南—贵阳西	8	69	南改县	贵阳南—改貌	6
34	漳州线	郭坑—漳州	11	70	济晏线	济南—晏城北	41
35	包兰线	惠农—兰州西	581	71	杭州线	笕桥—白鹿塘	42
36	太岚线	太原北—镇城西	55				

电气化附加费计算公式：

电气化附加费=费率×计费质量（箱数或轴数）×电气化里程

电气化附加费费率表见表3-21。

表3-21 电气化附加费费率表

项目种类			计费单位	费率/%
整车货物			元/(t·km)	0.007
零担货物			元/(10kg·km)	0.0007
自轮运装货物			元/(轴·km)	0.021
集装箱		1t 箱	元/(箱·km)	0.0072
		10t 箱	元/(箱·km)	0.10080
		20英尺箱	元/(箱·km)	0.112
		40英尺箱	元/(箱·km)	0.238
	自备空箱	1t 箱	元/(箱·km)	0.0036
		10t 箱	元/(箱·km)	0.0504
		20英尺箱	元/(箱·km)	0.056
		40英尺箱	元/(箱·km)	0.119

2. 新路新价均摊运费核收办法

铁路建设中新建线路不断增加，为了既体现国家实行新路新价的原则，又方便计算运费，凡经国家铁路运输的货物，按发站至到站国铁正式营业线和实行统一运价的运营临管线（表3-22）的运价里程计算运费，铁路新路新价均摊运费费率为0。

表3-22 实行统一运价的运营临管线

序号	线名	起讫站	里程/km
1	福前段	福利屯—前进线	226
2	侯月线侯翼段	侯马北—翼城东	50
3	宝中线	虢镇—迎水桥	502
4	安口南线	安口窑—安口南	6
5	青藏线哈格段	哈尔盖—格尔木	653

新路新价均摊运费计算公式：

新路新价均摊运费=摊运价率×计费重量（箱数或轴数）×运价里程

新路新价均摊运费费率表见表3-23。

表3-23 新路新价均摊运费费率表

项目种类		计费单位	费率/%
整车货物		元/(t·km)	1.1
零担货物		元/(10kg·km)	0.011
自轮运装货物		元/(轴·km)	3.3
集装箱	1t 箱	元/(箱·km)	0.066
	5t、6t 箱	元/(箱·km)	0.55
	10t 箱	元/(箱·km)	0.924
	20 英尺箱	元/(箱·km)	1.76
	40 英尺箱	元/(箱·km)	3.74
自备空箱	1t 箱	元/(箱·km)	0.033
	5t、6t 箱	元/(箱·km)	4.62
	10t 箱	元/(箱·km)	5.04
	20 英尺箱	元/(箱·km)	8.8
	40 英尺箱	元/(箱·km)	1.87

注：整车货物中，化肥、磷矿石、棉花（籽棉、皮棉）的费率为0.002 1元/(t·km)。

3. 铁路建设基金计算核收办法

铁路建设基金的计算公式：

建设基金=费率×计费重量（箱数或轴数）×运价里程

铁路建设基金费率表见表3-24。

表 3-24 铁路建设基金费率表

项目种类		计费单位	农药	磷矿棉花	其他货物
整车货物		元/(t·km)	0.019	0.028	0.033
零担货物		元/(10kg·km)	0.00019		0.00033
自轮运装货物		元/(轴·km)	0.099		
集装箱	1t 箱	元/(箱·km)	0.0198		
	10t 箱	元/(箱·km)	0.2772		
	20 英尺箱	元/(箱·km)	0.528		
	40 英尺箱	元/(箱·km)	1.122		
集装箱 自备空箱	1t 箱	元/(箱·km)	0.0099		
	10t 箱	元/(箱·km)	0.1386		
	20 英尺箱	元/(箱·km)	0.264		
	40 英尺箱	元/(箱·km)	0.561		

四、部分临管铁路和新线特殊运价

根据国家有关政策，国家计委、铁道部对部分临管铁路和新线运费实行特殊运价，见表 3-25。

表 3-25 铁路特价线路及特殊运价费率表

序号	项目	运价水平
1	大秦、京秦（段甲岭—秦皇岛含大石庄—段甲岭）、京原、丰沙大煤炭分流运价	每吨公里 7.4 分
2	京九、京广分流加价（含横麻、津霸联络线）	统一运价基础上每 kg·km 加价 0.6 分
3	太古岚线新路新价加价	统一运价基础上每 kg·km 加价 4 分
4	大沙线临管运价	每 kg·km 8 分
5	侯月线临管运价	每 kg·km 10 分
6	南昆线临管运价	每 kg·km 8 分

续表

序号	项目	运价水平
7	宣航线临管运价	每 kg·km 10 分
8	伊敏线临管运价	每 kg·km 8 分
9	通霍线临管运价	每 kg·km 8 分
10	塔韩线临管运价	每 kg·km 23 分
11	北仑线临管运价	每 kg·km 8 分
12	二茂地方铁路运价	通过运输每 kg·km 加价 10 分
13	广梅汕地方铁路运价	通过运输每 kg·km 加价 8 分
14	集通地方铁路运价	通过运输每 kg·km 加价 8 分
15	合九地方铁路运价	通过运输每 kg·km 加价 8 分
16	广深铁路特殊运价	统一运价基础上上浮 50%
17	大准煤炭运输专用铁路运价	每吨公里 15 分

五、货物装卸搬运费率

（1）铁路货物装卸搬运作业费收费项目分为整车、零担、集装箱、杂项作业 4 种。

（2）各地区、各车站按其实际发生的项目和铁道部规定的费率标准核收。

（3）计算装卸搬运费重量。

①整车货物以吨为单位，吨以下四舍五入。

②零担货物以 10kg 为单位，不足 10kg 的进为 10kg。

③集装箱货物以箱为单位。

（4）货物堆放地点与车辆的最大距离。

①整车、零担货物为 30m，集装箱货物为 50m。

②人力装卸堆放于仓库和雨棚以外的货物、整车包装成件货物的装车距离为 20m，散堆装货物除木材、毛竹、草秸类货物重复装车为 20m 外，其他货物均为 6m。

③凡超过上述规定的装卸距离，其超过部分按搬运处理。货物装卸、搬运费用，按各铁路局规定收取。

六、其他运输费用

（1）根据货物运输的需要，按《价规》的规定核收货物快运费。

（2）铁路国际联运货物、水陆联运货物、军事运输货物分别按有关规定收取运费。

七、运输费用退补

（1）托运人、收货人要求承运人退还多收运输费用时，应提出货票丙联或运费杂费收据。要求承运人支付货物运到逾期违约金时，须提出货物运单和货物全部搬出货场实际时间的证明。

（2）承运人与托运人或收货人相互间要求退补费用的有效期间为 180 日，要求承运人支付违约金的有效期为 60 日。每批货物发生退补的款额不足 5 元（零担货物每批不足 1 元）不退补、互付或核收。个人托运的搬家货物、行李不受以上规定款额的限制。

八、不同铁路运输方式的运费计算

（一）整车运输费用的计算

1. 铁路整车货物运输计价标准

1）计费重量

（1）计量单位。

①整车以 t 为单位，t 以下四舍五入。

②集装箱运输以箱为单位。

③每项运费的尾数不足 1 角时，按四舍五入处理；每项杂费不满 1 个计算单位，均按 1 个计算单位计算。

（2）重量确定。

整车货物除下列情况外，均按货车标记载重量（简称标重，以下同。标重尾数不足 1t 时四舍五入）计费。货物重量超过标重时，按货物重量计费。

①使用矿石车、平车、砂石车，经铁路局批准装运"铁路货物运输品名分类与代码表""01""0310""04""06""081"和"14"类货物按 40t 计费，超过时按货物重量计费。

②表 1 所列货车装运货物时，计费重量按表中规定计算，货物重量超过规定计费重量的，按货物重量计费。

②使用自备冷板冷藏车装运货物时按 50t 计费；使用自备机械冷藏车装运货物时按 60t 计

费：使用标重不足30吨的家畜车计费重量按30t计算使用标重低于50t、车辆换长小于1.5m的自备罐车装运货物时按50t计费（表1中明定的车种车型按第2项办理）。

④始发、中途均不加冰运输的加冰冷藏车和代替其他货车装运非易腐货。

2）计费里程

按铁路货物运价里程表算出发站至到站的运价里程，计算货物运费的起码里程为100km。

2. 铁路整车货物运输运费计算

（1）一般整车运费计算（不足标重）。

某托运人从安阳托运一台机床，重26t，使用60t货车一辆装运至徐州北，试计算其运费。

解：查里程表可知安阳至徐州北的运价里程为526km，查品名分类表可知机器运价号为6号，查运价率表可知6号的基价1为26元/t，基价2为0.138元/（t·km），计费重量不足标重按标重，确定为60t。

运费=（26+0.138×526）×60=5915.28（元）

（2）一般整车运费计算（超过标重）

某托运人从格尔木站托运一批盐，重58.6t，使用标重58t的P64货车一辆装运至兰州西站，试计算其运费。

解：查里程表可知格尔木至兰州西的运价里程为1065公里，查品名分类表可知盐的运价号为2号，查运价率表可知2号的基价1为9.5元/t，基价2为0.086元/（t·km），计费重量超过标重按实重t以下四舍五入，确定为59t。

运费=（9.5+0.086×1065）×59=5964.31（元）。

3. 货物运输其他收费

（1）调车费。

1）应托运人要求，车辆调往外省、自治区、直辖市或调离驻地临时外出驻点参加营运，调车往返空驶者，可按全程往返空驶里程、车辆标记吨位和调出省基本运价的50%计收调车费。在调车过程中，由托运人组织货物的运输收入，应在调车费内扣除。

2）经承托双方共同协商，可以核减或核免调车费。

（2）延滞费。

1）发生下列情况，应按计时运价的40%核收延滞费。

①因托运人或收货人责任引起的超过装卸时间定额、装卸落空、等装待卸、途中停滞、等待检疫的时间。

②应托运人要求运输特种或专项货物需要对车辆设备改装、拆卸和清理延误的时间；因托运人或收货人造成不能及时装箱、卸箱、掏箱、拆箱、冷藏箱预冷等业务，使车辆在现场

或途中停滞的时间。

延误时间从等待或停滞时间开始计算，不足 1h 者，免收延滞费；超过 1h 及以上，以 0.5h 为单位递进计收，不足 0.5h 进整为 0.5h。车辆改装、拆卸和清理延误的时间，从车辆进厂（场）起计算，以 0.5h 为单位递进计算，不足 0.5h 进整为 0.5h。

2）由托运人或收、发货人责任造成的车辆在国外停留延滞时间（夜间住宿时间除外），计收延滞费。延滞时间以小时为单位，不足 1h 进整为 1h。延滞费按计时包车运价的 60% 核收。

3）执行合同运输时，因承运人责任引起货物运输期限延误，应由承运人根据合同规定，并按延滞费标准向托运人支付违约金。

(3) 装货（箱）落空损失费。

应托运人要求，车辆开至约定地点装货（箱）落空造成的往返空驶里程，按其运价的 50% 收装货（箱）落空损失费。

(4) 道路阻塞停运费。

汽车货物运输过程中，如发生自然灾害等不可抗力造成的道路阻滞，无法完成全程运输，需要就近卸存、接运时，卸存、接运费用由托运人负担。已完运程收取运费；未完运程不收运费，托运人要求回运，回程运费减半；应托运人要求绕道行驶或改变到达地点时，运费按实际行驶里程核收。

(5) 车辆处置费。

应托运人要求，运输特种货物、非标准箱等需要对车辆改装、拆卸和清理所发生的工料费用，均由托运人负担。

(6) 车辆通行费。

车辆通过收费公路、渡口、桥梁、隧道等发生的收费，均由托运人负担。其费用由承运人按当地有关部门规定的标准代收代付。

(7) 运输变更手续费。

托运人要求取消或变更货物托运手续，应核收变更手续费。因变更运输，承运人已发生的有关费用，应由托运人负担。

(8) 装卸费。

货物装卸费用由托运人承担。装卸费 = 装卸费率 × 毛重 × 装卸次数。

(9) 保价费。

选择保价运输的，按不超过货物保价金额的 7%（多数物流公司按 3%~5%）收取保价费，若在运输过程中出现意外，承运方按照货物保价金额赔偿托运方。

4. 整车货物运费计算

（1）整车货物运价按货物运价价目计算。

（2）整车货物运费计算公式：吨次费×计费重量+整车货物运价×计费重量×计费里程+货物运输其他费用。

（3）运费单位。

运费以元为单位。运费尾数不足1元时，四舍五入。

（二）铁路零担运输费用计算（具体表格见整车运输）

1. 确定运价里程

按铁路货物运价里程表算出发站至到站的运价里程，计算货物运费的起码里程为100km。

2. 确定货物的运价等级（运价号）

根据货物运单上填写的货物名称查找铁路货物运输品名分类与代码表确定适用的运价号。

3. 确定货物的运价率

根据运价号在铁路货物运价率表中查出适用的运价率（即发到基价和运行基价）。

4. 确定货物的计费重量

零担货物的计费重量以10kg为单位，不足10kg进为10kg。具体分三种情况计重量：

（1）按实际重量计费。

（2）按规定计费重量计费。

零担货物规定重量表见表3-26。

表3-26 零担货物规定重量表

序号	货物名称	计算单位	规定计费重量/kg
1	组装的摩托车：	—	—
	双轮	辆	750
	三轮（包括正、侧带斗的，不包括三轮汽车）	辆	1 500
2	组装的机动车辆、拖斗车（单轴的拖斗车除外）：	—	—
	车身长不满3m	辆	4 500
	车身长满3m以上，不满4m	辆	7 500
	车身长度4m以上，不满5m	辆	15 000
	车身长度5m以上	辆	19 500
3	组成自行车	辆	100

续表

序号	货物名称	计算单位	规定计费重量/kg
4	轮椅、折叠式疗养车	辆	60
5	牛、马、驴、骆驼	头	500
6	未装容器的猪、羊、狗	头	100
7	灵柩、尸体	具（个）	1 000

（3）按货物重量或折合重量择大计费。

每立方米重量不足300kg的为轻浮货物，按每一立方米体积折合重量300kg计算。折合重量=300×体积（kg）。

货物长、宽、高的计算单位为米，小数点后取两位小数（以下四舍五入）。体积的计算单位为立方米，保留两位小数，第三位小数四舍五入。

任务实施

步骤一：确定运价里程

查《运价里程表》可知，两站间的运价里程为479km。

步骤二：确定货物运价号

查《铁路货物运价号表》可知，机械设备的运价号为整车6号。

步骤三：确定货物运价率

基价1为26元/t。

基价2为0.138元/(t·km)。

步骤四：计算运费

公式为：整车货物每吨运价=发到基价+运行基价

$$= 26 元/t + 0.138 元/(t·km) \times 479km$$

$$= 92.102 元/t$$

步骤五：计算整车运费

公式为：整车运费=计费重量×整车货物每吨运价

$$= 50t \times 92.102 元/t$$

$$= 4\,605.1 元$$

任务评价

任务评价见表3-27。

表3-27 任务评价

被评考人			考评任务：计算铁路货物运输费用			
考评步骤	考评内容及分值		自我评价（30%）	小组评议（40%）	教师评价（30%）	合计得分（100%）
步骤一	是否明确货物运价费率（25分）					
步骤二	是否明确货物计费重量（25分）					
步骤三	是否明确费用核收方法（25分）					
步骤四	是否明确货物装卸费率（25分）					
综合评定						
考评标准	资料准备	知识掌握	语言表达	团队合作	沟通能力	合计得分
分值	20	30	20	15	15	
注：任务总评得分=考评步骤（70%）+综合评定（30%）				任务总评得分		

项目 4

了解水路运输

项目简介

水路运输是以船舶为主要运输工具，以港口或港站为运输基地，以水域（包括海洋、河流和湖泊）为运输活动范围的一种运输方式。通过本项目，学生能够掌握水路货物运输、航线等基本概念；了解水路货物运输的特点；掌握班轮运输的概念、特点、责任划分；熟悉班轮货运程序。

学习目标

知识目标：

- 掌握水路货物运输、航线等基本概念；
- 了解水路货物运输的特点；
- 掌握班轮运输的概念、特点、责任划分。

能力目标：

- 能够处理班轮运输业务；
- 能够处理租船业务；
- 能够缮制海运相关单证。

素养目标：

- 通过了解中国水运的发展自觉传承中华民族传统文化，树立大国自信，培养大国格局；
- 通过单证缮制培养严谨细致、一丝不苟的工作作风；
- 通过对海运的了解，自觉遵守国际规范、公约。

运输实务

任务 1　认识水路货物运输

任务描述

认识水路运输

近日，共载运108t和880t玉米的"新翰"轮与"雅典"轮在张家港江海粮油码头圆满完成接卸作业。在张家港海事局的全力保障下，即使疫情期间，辖区粮油重要物资水路运输也保持稳定畅通。

张家港综合性粮油加工基地年吞吐量近2 000万t。为保证重要物资供应与经济社会稳定，张家港海事局发挥港航一体化作用，开通重要物资运输船舶进江绿色通道，为张家港江海粮油、东海粮油等粮油上下游产业基地提供服务保障。

自4月以来，张家港海事局已保障粮油运输船舶15艘次和粮油物资近40万t。

谈一谈，水路运输如何便利了货运行业？

知识链接

一、认知和了解水路运输

1. 水路运输概念

水路运输是以船舶为主要运输工具，以港口或港站为运输基地，以水域（包括海洋、河流和湖泊）为运输活动范围的一种运输方式（图4-1）。水运至今仍是世界许多国家最重要的运输方式之一。其技术经济特征是载重量大、成本低、投资少，但灵活性差，连续性也差。较适用于担负大宗、低值、笨重和各种散装货物的中长距离运输，其中特别是海运，更适用于承担各种外贸货物的进出口运输。

图4-1　水路运输

2. 水路运输的特点

水路运输与其他运输方式相比，具有如下特点：

一是水路运输运载能力强、成本低、能耗少、投资少，是一些国家国内和国际运输的重要方式之一。例如，一条密西西比河的运力相当于10条铁路，一条莱茵河抵得上20条铁路（图4-2）。此外，修筑1km铁路或公路约占地3公顷多（30 000m²），而水路运输利用海洋或天然河道，占地很少。在我国的货运总量中，水运所占的比重仅次于铁路和公路。

图4-2 水路运输重量大

二是受自然条件的限制与影响大。即受海洋与河流的地理分布及其地质、地貌、水文与气象等条件和因素的明显制约与影响；水运航线无法在广大陆地上任意延伸，所以，水运要与铁路、公路和管道运输配合，并实行联运。

三是开发利用涉及面较广。如天然河流涉及通航、灌溉、防洪排涝、水力发电、水产养殖以及生产与生活用水的来源等；海岸带与海湾涉及建港、农业围垦、海产养殖、临海工业和海洋捕捞等。

3. 水路运输分类

根据航行水运性质，水运分海运和河运两种。它们是以海洋和河流作为交通线的。

海运，即海洋运输，是使用船舶等水运工具经海上航道运送货物和旅客的一种运输方式。它具有运量大、成本低等优点，但运输速度慢，且受自然条件影响。

河运，即内河运输，是用船舶和其他水运工具，在国内的江、河、湖泊、水库等天然或人工水道运送货物和旅客的一种运输方式。它具有成本低、能耗少、投资少、少占或不占农田等优点，但其受自然条件限制较大，速度较慢，连续性差。需要通航吨位较高的船舶，窄的河道要加宽，浅的河道要挖深，有时还需开挖沟通河流与河流之间的运河，才能为大型内河船舶提供四通八达的航道网。

4. 水路运输的形式

水路运输有以下四种形式:

(1) 沿海运输。是使用船舶通过大陆附近沿海航道运送客货的一种方式,一般使用中、小型船舶。

(2) 近海运输。是使用船舶通过大陆邻近国家海上航道运送客货的一种运输形式,视航程可使用中型船舶,也可使用小型船舶。

(3) 远洋运输。是使用船舶跨大洋的长途运输形式,主要依靠运量大的大型船舶。

(4) 内河运输。是使用船舶在陆地内的江、河、湖、川等水道进行运输的一种方式,主要使用中、小型船舶。

二、了解古代水路运输的发展历程

中国有漫长的海岸线,国土辽阔,山川河沼星罗棋布,这些为我们的祖先发展水上交通提供了有利的条件,创造了一段古代中国辉煌的水运发展史。

1. 最早的水上交通工具

我国是发明舟船最早的国家,至少在新石器时代,我们的祖先就广泛使用独木舟和筏(图4-3)了,也是从那时起掀起了我国古代水路运输辉煌的一页。

图 4-3 独木舟和筏

2. 我国古代内河运输的发展

祖先们在利用自然条件的同时,也学会了设计并开挖人工运河,使其与天然河道连接,从而扩大了航运范围。

中国是世界上最早开凿运河的国家。

(1) 跨越山岭的灵渠。

秦朝开挖的灵渠(图4-4),把长江水系与珠江水系连接起来,是世界上最古老的运河之一。

图 4-4 灵渠

（2）最长的运河——京杭大运河。

京杭大运河从隋朝开始开凿，北与海河相连，南与钱塘江相连，将海河、黄河、淮河、长江与钱塘江五大水系，连成一个统一的水运网，之后不断地疏通完善，直到现在部分还在使用。随着社会政治、经济和文化的发展，它对于南北货物往来，人口迁移、流动，政府漕运发挥着越来越重要的作用。

（3）古中国的远洋运输。

海上丝绸之路（又叫"陶瓷之路"）是古代中国与外国交通贸易和文化交往的海上通道，起点是泉州和广州。海上丝绸之路形成于秦汉时期，发展于三国隋朝时期，繁荣于唐宋时期，转变于明清时期，是已知的最为古老的海上航线。在陆上丝绸之路之前，已有了海上丝绸之路，主要有东海起航线和南海起航线。海上丝绸之路是古代海道交通大动脉。

● 【想一想】

请同学们思考并结合网络搜索，讨论还有哪些关于水路运输的历史故事。

三、了解现代水路运输的发展历程

中国幅员辽阔，大陆海岸线 18 000 多千米，岛屿海岸线 14 000 多千米，流域面积 100 平方千米以上的天然河流有 5 000 多条，大小湖泊有 900 多个。现代水路运输的发展历程如图 4-5 所示。

图 4-5 现代水路运输的发展历程

截至目前，水运货物运输量和货物周转量在综合运输体系中分别占 12% 和 63%。水运承担了中国 90% 以上的外贸货物运输量，港口接卸了 90% 的进口原油和 99% 的进口铁矿石，在我国对外贸易运输中发挥着核心与枢纽作用。在内贸运输方面，海运承担了 80% 以上的"北煤南运"量和 50% 的"北粮南运"量。21 世纪初水路运输发展状况如图 4-6 所示。

图 4-6 21 世纪初水路运输发展状况

1. 码头泊船能力得到提升

中国是海运大国，也是港口大国。我国拥有优越的航运条件，近年来航运事业蓬勃发展，沿海规模以上港口码头泊船能力得到提升。码头泊位数由 2018 年的 6 150 个增长到 2019 年的 6 426 个，同比增长 4.4%。

2. 集装箱

我国港口集装箱吞吐量保持增长态势，从 2020 年的 26 430 万 TEU（20 英尺标准集装箱）增长到 2021 年的 28 272 万 TEU，同比增速 7%。

3. 港口货物吞吐量

我国规模以上港口吞吐量呈现稳定增长态势，从 2020 年的 1 454 991 万吨增长到 2021 年的 1 554 534 万 t，同比增速 8.6%。

四、水路运输存在问题分析

1. 水路运输的劣势特点分析

虽然水路运输有很大的优势，发展迅猛，然而它依旧存在许多不足之处。

（1）受自然气象条件因素影响大。由于季节、气候、水位等的影响，水运受制的程度大，因而一年中中断运输的时间较长，例如，内河航道和某些港口受季节影响较大，冬季结冰，枯水期水位变低，难以保证全年通航。

（2）营运范围受到限制。如果没有天然或人工航道则无法运输，仅仅能够在靠近航道城市进行运输。

（3）航行风险大，安全性略差，如遇到恶劣天气、水中的障碍物等。目前，我国大部分航道仍处在滩多、水浅、流急的自然状态，技术状态差。

（4）运送速度慢，准时性差，在途中的货物多，会增加货主的流动资金占有量，经营风险增加。

（5）搬运成本与装卸费用高，这是因为运能最大，所以导致了装卸作业量最大。

2. 水路运输所存在的问题

（1）管理体制混乱。

①港口管理体制及研究战略的不足。

一些港口企业与地方政府"政企合一"，造成港口受政府干预太多，发展不起来，从而造成发展布局的不合理，该发展港口的地方发展不起来。

②港口建设和管理还未走上法制化轨道。

港口法律实施比较滞后，港口管理的规范化和法制化还不完善，针对更多的外国商船的法律法规的制定不足。

③航道管理体制不顺。

航道管理存在条块分割、政企不分、行业管理不到位等问题，也存在"政企合一"的情况。

④市场行为不规范。

中介市场混乱，影响市场秩序；乱收费现象严重，各地土政策层出不穷；有的地方采取地方保护主义，甚至由政府运用行政权力限制外来船舶进入本地市场。

（2）运力结构不合理。

①内河航道等级结构不合理，高等级航道里程少，水运主要通道仍有50%以上未达到规划标准；具有层次结构的航道网尚未形成，主要航道的上下游通航标准不统一，难以组织高效、经济的直达运输；大部分内河港口机械化程度低，专业化泊位少，集装箱码头严重缺乏。部分航道占地少、运量大、能耗少的优势没能发挥出来。

②船舶运力结构不合理，总体技术水平低，船舶老化。船队结构不合理，普通干散货船比重高，液体散货船比重远低于世界平均水平。船舶大型化发展缓慢，船舶平均载重吨位低。内河运输船舶技术状况十分落后，船型、机型、材质杂乱，能耗高，平均吨位低。海事救助船舶功率小，船速低，功能少，抗风能力弱，船龄老化，难以适应水运事业的发展。

（3）港口结构性矛盾比较突出。

表现为中小型、通用型码头比较多，万吨级以上的深水泊位少。众多港口还是保留以前的建设设施，大部分是小型杂货码头，专业化程度低，但船舶制造业发展迅速，形成港口接卸能力不足和船舶吨位要求越来越高之间的矛盾。

（4）基础设施落后。

①沿海港口公用码头吞吐能力不足。

主枢纽港公用码头超负荷运转。专业化码头不足，老港区码头改造和港口功能调整的问题突出，无法承担吞吐任务。

②航道基础设施相当落后。

主要表现在航道基础设施薄弱，航道等级低。

③航道建设与维护资金投入不足。

与公路和铁路相比，资金投入量少。

（5）内河水运企业规模小。

目前，我国从事内河航运的航运公司中，大中型企业很少，绝大多数是小型企业。内河运输企业规模小，集约化程度低。

（6）水路运输科技创新不足。

传统企业对于水路运输需求不了解，普通杂货驳、散货驳过剩，至于专业化程度高的新货种所需要的散装水泥船、滚装船、集装箱船、化学品船等则明显不足。这造成表面水运力过剩，实际对专业化要求高的运货却无能为力。造成这种现象的原因还有造船技术运用不合理，所造船专业性不高，使得船舶平均吨位低，运输成本高，泊位和船闸通过能力低，竞争力不强，远洋船舶燃油实时监控技术、油轮货油加热自动测控技术、内河船舶扩载扩拖技术等优秀节能技术在水路运输企业中还没有得到应用。

项目4　了解水路运输

任务实施

步骤一：归纳各种水路运输方式的定义特点

步骤二：分析水路运输的意义

（1）运能大，能够运输数量巨大的货物。

（2）通用性较强，客货两宜。

（3）越洋运输大宗货物，连接被海洋所分割的大陆，远洋运输是发展国际贸易的强大支柱。

（4）运输成本低，能以最低的单位运输成本提供最大的货运量，尤其在运输大宗货物或散装货物时，采用专用的船舶运输，可以取得更好的技术、经济效果。

（5）平均运输距离长。

步骤三：分析水路运输对于货运的促进性

水路运输是国民经济的基础产业，又是服务性行业。水运作为一种重要的运输方式，与铁路、公路、航空等共同构成交通运输网络。与其他几种运输方式相比，水运的最大优势是成本低、运距长、批量大、安全性好，不仅货物周转量独占鳌头，约占五种运输方式总量的一半以上，也是外贸运输的主要手段。目前我国85%以上的外贸货物是通过水路运输的。每年大量的国内生产生活物资也需要经过港口进出。据了解，国际上著名的物流中心一般都依港而设。不论船舶还是港口都是实现物流全球化的必要条件和前提，是现代物流网络中的重要节点和枢纽。

任务评价

任务评价见表4-1。

表4-1　任务评价

被评考人			考评任务：认识水路货物运输			
考评步骤	考评内容及分值		自我评价（30%）	小组评议（40%）	教师评价（30%）	合计得分（100%）
步骤一	认识水路货物运输的概念及特点（30分）					
步骤二	分析水路货物运输的意义（30分）					
步骤三	分析水路货物运输对于货运的促进性（40分）					
综合评定						
考评标准	资料准备	知识掌握	语言表达	团队合作	沟通能力	合计得分
分值	20	30	20	15	15	
注：任务总评得分=考评步骤（70%）+综合评定（30%）				任务总评得分		

任务 2　组织班轮运输

任务描述

2020年7月，达丰公司和澳大利亚一公司签订了以2020年11月为装船日期的买卖合同。思考：达丰公司该如何组织本次班轮运输？

班轮运输

知识链接

一、了解班轮运输的基本概念和特点

1. 班轮运输的概念

班轮运输也称定期船运输，是指在固定的航线上，以既定的港口顺序，按照事先公布的船期表航行的水上运输经营方式。

在班轮运输中，船舶按事先制定的船期表在特定的航线上，以既定的挂靠港顺序，经常地从事航线上某个港口之间的船舶运输。集装箱运输就是典型的班轮运输。

2. 班轮运输的必备条件和特点（表4-2）

表4-2　班轮运输的必备条件和特点

	必备条件	特点
班轮运输	必须配备技术先进、设备性能齐全的船舶	实行航线固定、船舶固定、挂靠港固定、船期固定、费率固定的营运模式
	必须具备充足的货源条件	通常不签订书面合同，而是按照提单条款组织运输，以提单为依据来处理运输活动中有关的权利、责任和义务的
	必须配备技术熟练、高素质的海员	班轮运输的承运人负责包括装货、卸货和理舱在内的作业，并负担其全部费用
	必须要有一套适宜于小批量、多批次接受货物运送的货运程序	通常是在仓库（堆场）接受和交付货物的
		承运人与货主之间不规定货物的装卸时间，也不计算滞期费和速遣费

因此，班轮运输特别适合多货主、小批量、件杂货的运输。

● 【想一想】

请同学们思考并结合网络搜索，讨论哪些货物适合班轮运输。

二、班轮运输的分类和优点

1. 班轮运输的分类

基于不同的角度，班轮运输可以分成不同的类型（图 4-7）。

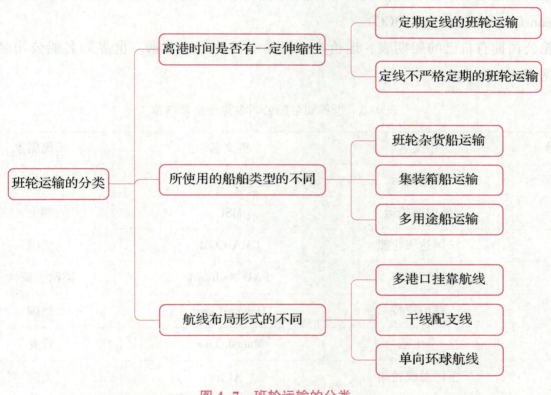

图 4-7　班轮运输的分类

定线定期班轮：严格按照预先公布的船期表来营运。

定线不定期班轮：并不严格按照预先公布的船期表来营运。

2. 班轮运输的优点

（1）有利于一般杂货和不足整船货的小额贸易货物的运输。

（2）由于"四固定"的特点，时间有保证，运价固定，为贸易双方洽谈价格和装运条件提供了方便，有利于开展国际贸易。

（3）班轮运输长期在固定航线上航行，有固定设备和人员，能够提供专门的、优质的服务。

(4) 由于事先公布船期、运价费率，有利于贸易双方达成交易，减少磋商内容。

(5) 手续简便，货主方便。由承运人负责装卸和理舱，托运人只要把货物交给承运人即可，省心省事。

三、了解班轮运输的主要关系人

1. 班轮公司

班轮公司是海上运输服务的供给者（卖方），是运用自己拥有或自己经营的船舶，提供国际港口之间班轮运输服务，并依据法律设立的船舶运输企业。班轮公司也称为远洋公共承运人（Ocean Common Carrier，OCC）。

班轮公司拥有自己的船期表、运价本、提单或其他运输单据。世界知名船公司名称及所属国家见表4-3。

表4-3 世界知名船公司名称及所属国家

序号	中文名	英文名	所属国家
1	中远集运	COSCO	中国
2	地中海船运	MSC	瑞士
3	法国达飞轮船	CMA CGM	法国
4	铁行渣华	P&O Nedlloyd	英国、荷兰
5	赫伯罗特	Hapag-Lloyd	德国
6	马士基	Maersk Line	丹麦
7	美国总统轮船	APL	美国
8	中海集装箱	CSCL	中国
9	商船三井	MOL	日本
10	韩进	HanJin Shipping	韩国
11	日本油船株式会社	NYK	日本
12	川崎汽船	"K" LINE	日本
13	以星	ZIM	以色列
14	现代商船	HMM	韩国

续表

序号	中文名	英文名	所属国家
15	汉堡南美航运	HAM-SUD	德国
16	东方海皇	NOL	新加坡
17	太平洋船务	PIL	新加坡

2. 国际船舶代理

国际船舶代理是接受船舶所有人、船舶经营人或船舶承租人的委托，在授权范围内为船舶所有人、船舶经营人或船舶承租人的船舶及所载货物或集装箱提供办理船舶进出港口手续、安排港口作业、揽货、接受订舱、代签提单、代收运费等服务，并依据法律规定设立的船舶运输辅助性企业。

船舶代理的服务内容可分为以下四大部分：

（1）客货运代理业务。

（2）船务代理业务。

（3）箱务代理业务。

（4）其他代理工作。

3. 国际海运货运代理

国际海运货运代理也称远洋货运代理、货物运输代理（Freight Forwarder），简称货代，是指货运代理机构或个人接受发货人或收货人的委托，代表货主的利益，在授权范围内，为货主办理进出口货物的报关、交接、仓储、调拨、检验、包装、租船订舱等项业务，或代表承运人承揽货载的服务行为，并依据法律规定设立的提供国际海上货物运输代理服务的企业。

从事这些业务，并在提供这类服务后收取服务费或佣金的机构或个人就是货运代理人。

从事海上货运代理的基本条件如下：

（1）具备良好的资信。

（2）了解有关法律法规与政策。

（3）精通国际货运业务知识。

海上货运代理应做到的"六知"如下：

（1）了解国际班轮航线现状与构成，即知线。

（2）了解装、卸港口情况，即知港。

（3）了解船舶情况，即知船。

（4）了解货物对运输的要求，即知货。

(5) 了解运价市场，即知价。

(6) 了解业务操作规程，即知规程。

4. 无船承运人

无船承运人也称无船公共承运人，是指不拥有、不经营船舶，但以承运人的身份接受托运人委托，签发自己的提单或其他运输单证，向托运人收取运费并承担承运人责任，通过与有船承运人签订运输合同，完成海上货物运输经营活动的经营者。

根据《中华人民共和国国际海运条例》的规定：

(1) 在中国境内经营无船承运业务，应在中国境内依法设立企业法人。

(2) 经营无船承运业务，应办理提单登记，并缴纳保证金。

(3) 无船承运人应有自己的运价本。

(4) 无船承运人可以与班轮公司订立协议运价［国外称为服务合同（Service Contract）］，以从中获得利益。但是，无船承运人不能从班轮公司那里获得佣金。

根据我国《海运条例实施细则》的规定，取得交通部颁发的无船承运人资格的企业，可以从事以下服务内容：

(1) 以承运人身份与托运人订立国际货物运输合同。

(2) 以承运人身份接收货物、交付货物。

(3) 签发提单或者其他运输单证。

(4) 收取运费及其他服务报酬。

(5) 向国际船舶运输经营者或者其他运输方式经营者为所承运的货物订舱和办理托运。

(6) 支付港到港运费或者其他运输费用。

(7) 集装箱拆箱、集拼箱业务。

(8) 其他相关的业务。

中美两国对无船承运人的规定见表4-4。

表4-4 中美两国对无船承运人的规定

项目		中国	美国
	审批机关	交通部	联邦海事委员会（FMC）
准入条件	申请人范围与资格	无要求，企业只要是依《公司法》设立即可	除了是独资、合伙等企业形式之外，还具有从事过航运中介的经历
	提单登记	要求	不要求
	责任担保	保证金：80万元（公司），20万元（分支机构）	保证金、保险金或者其他担保

续表

项目			中国	美国
运价管理制度		运价本	报备（但未实际实行）	自行公布在规定的网站上
	服务协议	报备	报备（但未实际实行）	要求向 FMC 报备
		与船公司	允许订立	允许
		与货主	不允许	允许
		无船承运人之间	不允许	允许

5. 货主（发货人、收货人）

货主是海上运输服务的需求者（买方），在法律上，它们被称为发货人（托运人）、收货人等。

（1）发货人和托运人。

一般而言，发货人通常是指实际交付货物的人；托运人通常是指与承运人订立运输合同并支付运输费用的人。在实务中，发货人和托运人通常为同一人，但有时也可能不是同一人。

（2）收货人。

我国《海商法》规定："收货人，是指有权提取货物的人。"

6. 装卸公司、理货公司

装卸公司、理货公司是接受货主或船舶经营人的委托，在港口分别为开航前或到达目的港后的船舶进行货物装卸、清点、交接、检查货物损坏程度和原因并做出公证，衡量散装货物重量、体积等项作业的公司。

任务实施

班轮运输的主要流程（图 4-8）

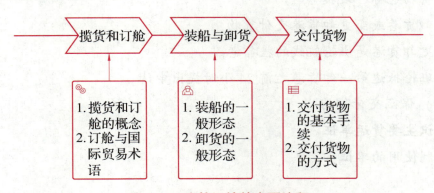

图 4-8　班轮运输的主要流程

步骤一：揽货和订舱

（1）从事班轮运输的船公司为使所经营的班轮运输船舶在载重量和舱容上得到充分利用，

力争做到"满舱满载",以期获得最好的经济效益而从货主那里争取货源的经营行为。

(2) 订舱与国际贸易术语。

订舱与国际贸易成交条件有的关系：以 FOB 价格条件成交的，由进口商负责订舱；以 CIF 或 CFR 条件成交的，由出口商负责订舱。

步骤二：装船与卸货

(1) 装船的一般形态。

由于货物的多样性，使得货物不能都集中到船边，因此班轮运输的货物一般都不采用直接装船的方式，而是采用集中装船的模式。

①仓库收货，集中装船——主要是对件杂货。

②堆场收货，集中装船——主要是对集装箱。

③中流作业——船舶在锚地，以小船靠大船，直接过驳的方式装船。

(2) 卸货的一般形态。

与集中装船的模式相对应，班轮运输一般都是采用集中卸货，仓库（堆场）交付的卸货方式。

步骤三：交付货物

(1) 交付货物的基本手续。

①船公司代理通知收货人。

②收货人缴清各项费用，凭提单换取提货单。

③船公司代理签发提货单（D/O）。

④未交清各项费用的，船公司可根据提单"留置权条款"扣留货物。

(2) 交付货物的方式。

①集装箱一般都是 CY 交货。

②拼箱货一般都是仓库交货。

③船边交付货物也称"现提"。

④货主选择卸货港或变更卸货港交付货物。

⑤选择或变更卸货港是班轮航线的挂靠港。

⑥托运人在班轮抵达第一卸货港之前 24 小时提出申请。

⑦凭（银行）保函交付货物。

步骤四：认识主要货运单证

在装货港编制使用的单证：

（1）海运出口托运单如图4-9所示。

海运出口托运单

托运人：
Shipper

编号：　　　　　　　　船名：
No.　　　　　　　　　　S/S

目的港：
For

标记及号码 Marks & Nos.	件数 Quantity	货　　名 Description of Goods	重量公斤 Weight Kilos	
			净 Net	毛 Gross
			运费付款方式	

共计件数（大写）
Total Number of Packages in Writing

运费计算			
	尺　码 Measurement		
备注			
抬头	Order of	可否转船		可否分批	
通知		装期		效期	提单张数
		金额			
收货人		银行编号		信用证号	

图4-9　海运出口托运单

运输实务

（2）装货单如图4-10所示。

图 4-10 装货单

（3）收货单。

（4）提单。

（5）装货清单。

（6）载货清单。

（7）危险货物清单和集装箱危险货物装箱证明书。

（8）货物积载图。

任务评价

任务评价见表4-5。

表4-5 任务评价

被评考人		考评任务：组织班轮运输			
考评步骤	考评内容及分值	自我评价（30%）	小组评议（40%）	教师评价（30%）	合计得分（100%）
步骤一	是否正常揽货和订舱（25分）				
步骤二	是否完成装船与卸货（25分）				
步骤三	是否完成货物交付（25分）				
步骤四	编制主要货运单证（25分）				
综合评定					
考评标准	资料准备	知识掌握	语言表达	团队合作	沟通能力	合计得分
分值	20	30	20	15	15	
注：任务总评得分=考评步骤（70%）+综合评定（30%）				任务总评得分	

任务3 组织租船运输

租船运输

任务描述

中国香港一家租船人以班轮条款承揽到若干家货主从大连港或天津港发往越南胡志明港的件杂货，总计约12 800t，该租船人为了能从中赚取更多的运费、装卸费差价，计划以FIO条款通过包船并支付包干运费的形式航次租船，为此，通过其代理人向大连某家租船经纪公司发出了询价。然后，该经纪人将货盘报给一家船公司，当时该船公司载重量13 635t的杂货船正在台湾高雄港卸货，其下一航次载货未确定，因此，船东对该票货有兴趣。

问：受到询盘后，经纪人要做哪些事情？

知识链接

一、了解租船运输的基本概念及特点

1. 租船运输概念

班轮运输也称定期船运输，是指船舶按事先制定的船期表在特定的航线上，以既定的挂靠港顺序，经常地从事航线上某个港口之间的船舶运输。集装箱运输就是典型的班轮运输。

租船运输中船舶出租人把船舶租给承租人，根据租船合同的规定或承租人的安排来运输货物。

2. 租船运输的特点

（1）无固定航线、固定的装卸港口和固定的船期。

（2）以运输货值较低的大宗货物为主。

（3）无固定的运价。各类费用都由船舶出租人和承租人签到的租船合同来确定。

（4）租船运输是根据租船合同组织运输的，租船合同条款由船东和租方双方共同商定。

（5）一般由船东与租方通过各自或共同的租船经纪人洽谈成交租船业务。

（6）船舶营运中有关费用的支出，取决于不同的租船方式，由船东和租方分担，并在合同条款中订明。

（7）各种租船合同均有相应的标准合同格式。

二、租船运输的分类和特点

（一）定程租船

1. 概念

定程租船简称"程租"，它是船舶所有人按双方事先议定的运价与条件向租船人提供船舶全部或部分仓位，在指定的港口之间进行一个或多个航次运输指定货物的租船业务。其又可分为几类，见表4-6。

租船运输方式

表4-6 定程租船分类

分类	概念
单航次程租	只租一个航次的租船。船舶所有人负责将指定货物由一港口运往另一港口，货物运到目的港卸货完毕后，合同即告终止

续表

分类	概念
来回航次租船	洽租往返航次的租船，一艘船在完成一个单航次后，紧接着在上一航次的卸货港（或其附近港口）装货，驶返原装货港（或其附近港口）卸货，货物卸毕合同即告终止
连续航次租船	洽租连续完成几个单航次或几个往返航次的租船。在这种方式下，同一艘船舶，在同方向，同航线上，连续完成规定的两个或两个以上的单航次，合同才告结束
包运合同	又称大合同

2. 定程租船的特点

（1）船舶的经营管理由船方负责。

（2）规定一定的航线和装运的货物种类，名称数量以及装卸港。

（3）船方除对船舶航行、驾驶、管理负责外，还应对货物运输负责。

（4）在多数情况下，运价按货物装运数量计算。

（5）规定一定的装卸期限或装卸率，并计算滞期费和速遣费。

（6）船租双方的责任义务，以定程租船合同为准。

（二）定期租船

1. 概念

定期租船简称期租，是船舶所有人把船舶出租给承租人使用一定时期的租船方式。在规定期限内，船舶的经营调度归租船人负责，租船人按约定支付租金。

2. 定期租船的特点

（1）期租船的租金在租期内不变，支付方法一般按船舶夏季载重线时的载重每吨每月若干货币单位计算，每30天或每半个月预付一次。

（2）承租人负责船舶的经营管理，出租人只负责船舶的维护、修理。

（三）光船租船

光船租船是一种比较特殊的租船方式，也是按一定的期限租船，但与期租不同的是船东不提供船员，只把一条船交给租船人使用，由租船人自行配备船员，负责船舶的经营管理和航行等各项事宜。在租赁其间，租船人实际上对船舶有着支配权和占有权。不同租船方式的责任与费用划分见表4-7。

表 4-7　不同租船方式的责任与费用划分

租船方式		责任	费用
定程租船（程租）	单程	船方：运转货物经营管理 租方：按合同支付运费	管理航行中的费用 运费
	来回程		
	连续单程		
定期租船（期租）	—	船方：维护、修理，只规定航行区域 租方：船舶经营管理，可装任何货物	维修、保险、配备船员等固定费用
光船租船	—	—	—

三、了解不同租船运输的合同

（一）程租合同主要条款

1. 程租合同当事人

（1）船东。

（2）租船人。

租船人责任划分见表 4-8。

表 4-8　租船人责任划分

类型	责任划分
公开委托人身份	代理人对合同没责任
未公开委托人身份	代理人对合同负责
说自己是代理人，实际是委托人	负责办理委托业务

2. 船名和船旗

3. 货物

（1）应说明种类、名称、数量、包装、性能等，不得更改。

（2）5%～10%的伸缩。

（3）货物选择权。

（4）空舱费。

（5）船东问题，按比例减少。

4. 装卸港

订明港口，订明港口区域，必须是安全港口。租约中的"就近条款"对租船人不利，应尽量取消。

5. 受载日和解约日

受载日和解约日是租船的重要条件，是按合同规定租船人可以接受船舶最早或最晚的装货日期，两个日期之间是装货期。

受载日是租方可以接受船舶的最早装货日期，解约日是租方可以接受船舶的最晚装货日期。从受载日至解约日称为船舶的受载期。在此期间，船方必须准备好装货，租方必须按时装货。

6. 运费

（1）运费表现形式。
①运费率：即按所载货物的每单位重量或单位容积所表现的金额。例如，35 美元/t。
②整船包价：按提供的船，定一笔整船运费，适用于轻泡货物。
（2）运费支付时间。
①运费预付：在签发提单时支付。
②运费到付：在船到目的港后支付。
注意：应付运费时间是船东收到运费日期不是租船人付出运费的日期。

7. 装卸费用的划分

（1）班轮条件。
（2）船方不管装卸。
（3）船方管装不管卸。
（4）船方管卸不管装。

8. 许可装卸时间

（1）连续日：24h。
（2）工作日。
（3）晴天工作日。
（4）连续 24h 晴天工作日（目前采用方式）。

9. 滞期费和速谴费

如果在租船合同所规定的许可装卸时间内未能将货物全部装卸完毕，致使船舶继续在港内停泊，使船东遭受船期损失，则自许可装卸时间终了时起，直到全部货物装卸完毕为止的这段时间称为滞期时间。船舶发生滞期，租船人应按租船合同的规定以每天若干货币单位计算，支付给船东补偿金，即滞期费。

（二）期租合同条款

1. 期租合同主要条款

（1）租船合同的当事人。

（2）船舶规格信息。

包括船名、呼号、船旗、建造年份、船级、登记吨、载重吨、吃水、载货容积、船速、耗油量、起货设备、甲板舱口等。

（3）租期。

①暗含伸缩：如5个月。

②明确暗含伸缩：如5个月，15天伸缩。

③规定没有或暗含没有伸缩：如最少2个月，最多6个月。

（4）航行范围。

（5）交船。

装货准备就绪，船舱干净，船上设备存油量等符合规定，必须适航。

（6）船东供应项目（如船员工资、船舶保险费、保养费等）。

（7）租船人供应项目（如燃油港口费）。

（8）租金费率及计算方法。

租金是按船舶每30天每载重吨计算的或者按整船每天若干金额计算。例：船载重为25 000t，每30天的租率为8美元，则每日租金为 $25\,000 \times 8/30 = 6\,666$（美元）。

（9）还船手续和还船通知。

还船满足条件：良好状态，符合合同规定。

（10）停租和复租。

在租船期间，由于船方原因致使营运中断达连续24h以上。

2. 期租合同专门条款

包括战争条款、征用条款、冰封条款、共同海损条款、仲裁条款等。

任务实施

租船程序（图4-11）主要是双方当事人通过电话、电传、电子邮件、传真，经过询盘、发盘、还盘和受盘四个阶段，完成签订租船合同业务的全过程。

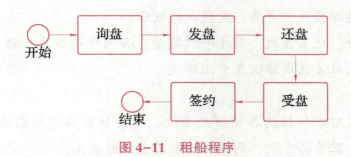

图 4-11 租船程序

步骤一：询盘——租船询价

询盘的目的和作用是让对方知道发票人的意向和需求情况。承租人和船舶出租人都可以询价。租船人根据自己对货物运输的需求或对船舶的特殊要求通过租船经纪人在租船市场上发出租用船舶的意向。船舶出租人也可以通过租船经纪人向租船市场发出承揽货物的询盘。也可以不通过租船经纪人之间发出询盘。其不具有法律效力，可以修改。这里主要以承租人的立场来进行询盘。不同立场承租人的询盘内容见表4-9。

表 4-9 不同立场承租人的询盘内容

承租人立场	询盘内容
承租人航次租船询价	①承租人的名称及营业地点。 ②货物种类、名称、数量、包装形式。 ③装卸港口或地点。 ④受载期及解约日。 ⑤装卸时间和装卸费用条件。 ⑥船舶类型、载重吨。 ⑦希望采取的租船合同范本
承租人定期租船询价	①承租人的名称及营业地点。 ②船舶类型、载重吨及特殊要求。 ③租期和租金。 ④交/还船地点。 ⑤航行区域。 ⑥交船日期和解约日期。 ⑦希望采取的租船合同范本

步骤二：发盘——租船要约

发盘——租船要约又称为租船报价或租船发盘，承租人或船舶出租人围绕询价中的内容，就租船合同涉及的主要条件答复询价的行为。内容可以先谈主要条款，然后再谈细节条款。主要发盘内容同询盘内容。

步骤三：还盘

我国合同法将还盘认为是反要约的行为，即新的发盘。指接受方对发盘中的一些条件提

出修改，或提出自己的新条件，并告知发盘人的过程。

还盘也有虚实之分，还实盘时，对方一经接受，合同即告成立；还虚盘时如有附带条件，还盘需反复多次，直到双方达成协议或中止洽谈。

步骤四：受盘

即明确接受或确认对方所报的各项租船条件，这是租船程序的最后阶段，在合同法中这一阶段被称为承诺，一旦承诺生效，则意味着合同也同时成立。

有效的受盘必须在发盘或还盘规定的时限内，且不能有保留条件，若超过时限，接受发盘的一方应获得另一方再次确认才能生效。没有保留条件的接受，我们称之为实盘。

步骤五：签约

正式的合同一般是在双方接受主要条款后开始拟制。受盘后，实盘中的条款对双方已产生约束双方的效力。按照国际惯例，在条件允许的情况下，一般在签订正式合同前，先签署一份备忘录或"订租确认书"，作为简式的租船合同。合约可以由承租人或船舶所有人自己签约；也可以授权租船代理人签约。一般一式两份，当事人各持一份作为存档备用。

任务评价

任务评价见表4-10。

表4-10 任务评价

被评考人				考评任务：组织租船运输		
考评步骤	考评内容及分值	自我评价（30%）	小组评议（40%）	教师评价（30%）	合计得分（100%）	
步骤一	询盘（20分）					
步骤二	发盘（20分）					
步骤三	还盘（20分）					
步骤四	受盘（20分）					
步骤五	签约（20分）					
综合评定						
考评标准	资料准备	知识掌握	语言表达	团队合作	沟通能力	合计得分
分值	20	30	20	15	15	
注：任务总评得分=考评步骤（70%）+综合评定（30%）				任务总评得分		

项目4 了解水路运输

任务4 缮制海运单证

提单的种类

任务描述

根据信用证的一般信息来缮制海运提单。

信用证号：FLS-JHLC22

受益人：FENGHUA AIYIMEI IMPORT-EXPORT CO., LTD.
NO.9, NORTH NANSHAN ROAD, FENGHUA, NINGBO, CHINA

开证人：TOKO TRADE CORPARATION, OSAKA 2-6-7, KAWA RAMACHI, 1-CHOME, OSAKA, JAPAN

货物描述：SWEATERSTYPE 6
　　　　　　TOTAL NUMBER OF PACKAGE：1500 CTNS
　　　　　　GROSS WEIGHT：15 000KGS；MEASUREMENT：25 M^3
　　　　　　TRADE TERMS：CFR OSAKA

单证要求：+FULL SETOF CLEAN ON BOARD OCEAN B/L MADE OUT TO ORDER AND BLANK ENDORSED AND MARKED
"FREIGHT PR EPAID" AND NOTIFYTOKO TRADE CORPARATION, OSAKA 2-6-7, KAWA RAMACHI, 1-CHOME, OSAKA, JAPAN

唛头：TOKO
MADE IN CHINA
NO. 1-UP　　　　　　　　　　　集装箱号：HK920058/1478
起运港：NINGBO, CHINA　　　　目的港：OSAKA, JAPAN
提单日期：JUNE 12, 2022　　　　不允许转船
船名、航次：EASTWINDV. 123

知识链接

一、海运单证

海运单证主要包括承运人办理的卸船单证：承运人的代理在收到舱单、货物积载图、分舱单后向海关办理船舶载货入境手续，并向收货人发出到货通知书，再将上述单证分送港口、

123

理货等单位；船舶抵港后，理货公司凭舱单理货，凭货物积载图指导卸货，当货物发生溢短或原残时，编制货物溢短单或货物残损单，经大副签认后，提供给有关单位。

二、主要海运单证

主要海运单证的类别、名称、内容和操作流程见表4-11。

表4-11 主要海运单证的类别、名称、内容和操作流程

类别	名称	内容	操作流程
装船单证（由托运人办理）	托运单	托运单也是定仓委托书，内容包括托运人、船名、目的港、货名、标记及号码、件数、重量等项 如何审核托单	托运人凭此单向承运人的代理人办理托运，代理人接受承运后，将承运的船名填入联单内，留存托运单，其他联退还托运人，托运人或其代理人凭以到海关办理出口报关手续；海关同意放行后，即在装货单上盖放行章，托运人或其代理人凭以向港口仓库发货或直接装船；然后将装、收货单送交理货公司，船舶抵港后，凭此理货装船，每票货物都装上船后，大副留存装货单，签署收货单；理货公司将收货单退还托运人，托运人凭收货单向代理人换取提单，托运人凭提单等到银行办理结汇，并将提单寄交收货人
	装货单	即承运人办理的装船单证	是船公司或其代理人在接受托运人提出托运申请后，发给托运人或货运代理人的单证，承运人的代理人依据托运单填制装货清单和载货清单，根据承运人的要求，依据装货清单编制货物积载图，船舶抵港后，送大副审核签字后，船方留存一份，提供给代理人若干份，转寄承运人的卸货港代理人；编制分舱单；代理人根据装船实际情况，修编载货清单，经大副签字后，向海关办理船舶离境手续；依据载货清单填制运费清单，寄往承运人的卸货港代理人和船公司

类别	名称	内容	操作流程
卸船单证（由收货人办理）	收货单	是货物装船后，承运船舶的大副签发给托运人，表示已收到货物并已装船的货物收据	收货人收到正本提单后，向承运人的代理人换取提货单；代理人签发提货单后，须保持正本提单、舱单和提货单内容相一致；收货人凭提货单向海关办理放行手续后，再到港口仓库或船边提取货物；货物提清后，提货单留存港口、仓库备查；收货人实收货物少于提单或发生残损时，须索取货物溢短单或货物残损单，并凭以通过代理人向承运人索赔

任务实施

请根据资料缮制海运提单。

步骤一：寻找资料上的重要信息

信用证号：FLS-JHLC22

受益人（卖方）：FENGHUA AIYIMEI IMPORT-EXPORT CO., LTD.
NO.9, NORTH NANSHAN ROAD, FENGHUA, NINGBO, CHINA

开证人（买方）：TOKO TRADE CORPARATION, OSAKA 2-6-7, KAWA RAMACHI, 1-CHOME, OSAKA, JAPAN

货物描述：SWEATERSTYPE 6
　　　　　TOTAL NUMBER OF PACKAGE：1500 CTNS
　　　　　GROSS WEIGHT：15 000KGS；MEASUREMENT：25 M³
　　　　　TRADE TERMS：CFR OSAKA

单证要求：+FULL SETOF CLEAN ON BOARD OCEAN B/L MADE OUT TO ORDER AND BLANK ENDORSED AND MARKED

"FREIGHT PR EPAID" AND NOTIFYTOKO TRADE CORPARATION, OSAKA 2-6-7, KAWA RAMACHI, 1-CHOME, OSAKA, JAPAN

唛头：TOKO
MADE IN CHINA
NO.1-UP　　　　　　　　　集装箱号：HK920058/1478
起运港：NINGBO, CHINA　　目的港：OSAKA, JAPAN
提单日期：JUNE 12, 2022　　不允许转船
船名、航次：EASTWINDV.123

步骤二：读懂提单的英文含义

OCEAN BILL OF LADING：海运提单

Shipper：托运人的名称、地址

Consignee：收货人的名称、地址

Notify Party：被通知人的名称、地址

Pre-carriage by：第一程船船名（转运时）

Port of Receipt：收货的港口或地点（转运时）

Vessel：船名，航次

Port of Loading：装货港

Port of Discharge：卸货港（目的港）

Place of Delivery：最终目的地（目的港）

Container NO.：集装箱号

Seal No. Marks & Nos：箱封号和唛头

No. Of Containers OR P'kgs：集装箱数量或包装箱数

Kind of Packges：包装类型

Description of goods：货物描述

Gross weight（kgs）：毛重

Measure-ment（M^3）：总尺码

TOTAL NUMBER OF CONTAINERS OR PACKAGES（IN WORDS）：数量合计（大写）

Freight and charges：运费及其他费用

Revenue Tons：运费吨，计费吨

Rate：费率

Prepaid：预付

Collect：到付

EX. Rate：货币汇率

Prepaid at：预付地点

Payable at：到付地点

Place and date of issue：签发地点与日期

Total Prepaid：预付总计

Number of original Bs/I：正本提单数量

Signed for Carrier：承运人签字

步骤三：翻译提单

请将提单模板（表4-12）中的内容翻译出来。

表 4-12　提单模板

SHIPPER（托运人的名称、地址） FENGHUA AIYIMEI IMPORT& EXPORT CO. LTD. NO. 9, NORTH NANSHAN ROAD, FENGHUA, NINGBO, CHINA.				COSCO 中国远洋运输公司 CHINA OVEAN SHIPPING COMPANY OCEAN BILL OF LADING	
CONSIGNEE（收货人的名称、地址） TOORDER				B/L NO. 1896	
NOTIFY PARTY（被通知人的名称、地址） TOKO TRADE CORPATION, OSAKA 2-6-7, KAWA RAMACHI, 1-CHOME, OSAKA, JAPAN					
PRE-CARRIAGE BY 第一程船船名（转运时）	PORT OF RECEIPT 收货的港口或地点（转运时）				
VESSEL（船名，航次） EASTWIND V. 123	PORT OF LOADING （装货港） NINGBO, CHINA				
PORT OF DISCHARGE 卸货港（目的港） OSAKA, JAPAN	PLACE OF DELIVERY 最终目的地（目的港）				
CONTAINER NO. 集装箱号	SEAL NO. MARKS & NOS 箱封号和唛头	NO. OF CONTAINERS OR P'KGS 集装箱数量或包装箱数	KIND OF PACKGES; DESCRIPTION OF GOODS 包装类型；货物描述	GROSS WEIGHT （KGS） （毛重）	MEASURE-MENT （M³） （总尺码）
			FINAL DESTINATION FOR THE GOODS NOT THE SHIP		
HK920058/1478	TOKO MADE IN CHINA NO. 1-UP	1 500 CTNS	SWEATERS TYPE 6	15000 KGS	25.00 M³
TOTAL NUMBER OF CONTAINERS OR PACKAGES (IN WORDS): SAY ONE THOUSAND FIVE HUNDRED CARTONS ONLY					
FREIGHT AND CHARGES	REVENUE TONS	RATE	PREPAID	COLLECT	
EX. RATE	PREPAID AT		PAYABLE AT	PLACE AND DATE OF ISSUE: NINGBO JUNE 12. 2006	
	TOTAL PREPAID		NUMBER OF ORIGINAL BS/I: 3	SIGNED FOR CARRIER	

运输实务

步骤四：填制提单

请根据提单模板中的相关内容填制提单（表4-13）。

表4-13 提单

SHIPPER FENGHUA AIYIMEI IMPORT& EXPORT CO. LTD. NO. 9, NORTH NANSHAN ROAD, FENGHUA, NINGBO, CHINA.					
CONSIGNEE TO THE ORDER					B/L NO. 1896
NOTIFY PARTY TOKO TRADE CORPATION, OSAKA 2-6-7, KAWA RAMACHI, 1-CHOME, OSAKA, JAPAN					
PRE-CARRIAGE BY		PORT OF RECEIPT			**COSCO** 中国远洋运输公司 CHINA OVEAN SHIPPING COMPANY OCEAN BILL OF LADING
VESSEL EASTWIND V. 123		PORT OF LOADING NINGBO, CHINA			
PORT OF DISCHARGE OSAKA, JAPAN		PLACE OF DELIVERY			
CONTAINER NO.	SEAL NO. MARKS & NOS	NO. OF CONTAINERS OR P'KGS	KIND OF PACKGES; DESCRIPTION OF GOODS	GROSS WEIGHT (KGS)	MEASURE-MENT (M³)
HK920058/1478	TOKO MADE IN CHINA NO. 1-UP	1 500 CTNS	SWEATERS TYPE 6	15000 KGS	25.00 M³
TOTAL NUMBER OF CONTAINERS OR PACKAGES (IN WORDS): SAY ONE THOUSAND FIVE HUNDRED CARTONS ONLY					
FREIGHT AND CHARGES	REVENUE TONS		RATE	PREPAID	COLLECT
EX. RATE	PREPAID AT		PAYABLE AT	PLACE AND DATE OF ISSUE: NINGBO JUNE 12. 2006	
	TOTAL PREPAID		NUMBER OF ORIGINAL BS/I: 3	SIGNED FOR CARRIER	

项目 4　了解水路运输

任务评价

任务评价见表 4-14。

表 4-14　任务评价

被评考人		考评任务：缮制海运单证			
考评步骤	考评内容及分值	自我评价（30%）	小组评议（40%）	教师评价（30%）	合计得分（100%）
步骤一	手续信息是否齐全（20分）				
步骤二	装箱单填制的内容是否正确无误（20分）				
步骤三	是否注意装箱流程（20分）				
步骤四	海关手续办理认证（20分）				
步骤五	海关信息统计（20分）				
综合评定					
考评标准	资料准备	知识掌握	语言表达	团队合作	沟通能力	合计得分
分值	20	30	20	15	15	
注：任务总评得分=考评步骤（70%）+综合评定（30%）			任务总评得分		

任务 5　计算水路运输运费

班轮运费计算

任务描述

我方按 CFR 迪拜价格出口洗衣粉 100 箱，该商品内包装为塑料袋，每袋 0.5kg，外包装为纸箱，每箱 100 袋，箱的尺寸为长 47cm、宽 30cm、高 20cm，基本运费为每尺码吨 367 港元（约合 320 元），另加收燃油附加费 33%，港口附加费 5%，转船附加费 15%，计费标准为 M。试计算：该批商品的运费为多少？

129

知识链接

一、水路运输运费

水路货物运费，也称船舶货物运价，是指水路运输企业对运送货物、邮件等向托运人收取运输费用的标准。

二、水路运输运费分类

水路货物运价可以按适用范围、运价制定方式、运输形式及运价单位划分。

1. 按适用范围划分

（1）远洋船舶货物运价。是适用于对外贸易进、出口的船舶货物运输的价格。采用美元计费。

（2）沿海船舶货物运价。是适用于我国沿海港口之间的船舶货物运输的价格。大多采用航线运价。

（3）内河船舶货物运价。是适用于长江、珠江等内河的船舶货物运输的价格。大多采用里程运价。

2. 按运价制定方式划分

（1）国家定价。是由国家发展和改革委员会与交通部共同规定的船舶货物运价。适用于由军费开支和财政直接支出的军事、抢险救灾货物的运输价格制定，旅客和行李运输价格制定。国家定价可分为以下两种：

①政府定价。由国家和水运主管部门制定并统一颁布。一旦颁布，企业必须严格执行。其往往是几年不变，过若干年后才进行一次较大幅度的调整。

②政府指导价。由国家规定货物的基准运价以及浮动幅度，企业在允许范围内根据运输市场的供求变化确定船舶货物运价。

（2）合同运价。又称为协议运价。是由承运人与托运人通过商定达成的运价标准，通过双方订立合同予以明确和按合同实施。这种运价的特点是随行就市，完全受市场供求关系的调节，即在短时间内其价格水平会有较大的波动。

（3）运价表运价。也称班轮运价。水运企业根据经营成本和市场供求关系制定运价，编制运价表，向社会公开，并按运价表的规定计收运费。这种运价受交通主管部门的监管较严格，采取报备制度，有运价变动的时滞限制和稳定期的规定，具有相对的稳定性。

3. 按运输形式划分

（1）直达运价，指适用于两港间直达运输的货物运价，没有转运过程。

（2）联运运价，指适用于水陆联运的货物运价，包括港口和车站的转运费用。

（3）集装箱运价，指适用于集装箱货物的运输价格。又可分为按所装货物的种类及重量（体积）定价和以箱为单位（不计箱内货物的种类及重量等）定价两种形式。

（4）航次租船运输运价，指船舶采用航次租船的形式进行运输时，对单位货物或者货物总量规定运价。航次租船运输运价一般采用合同运价。

4. 按运价单位划分

（1）单一运价。对同一货种不论其运输距离长短，都采用相同的货运每吨运价（以下简称"运价率"）。这种运价一般仅适用于短途航线、轮渡或某些海峡间的货物运输。我国仅在内河和市内轮渡航线使用单一运价。

（2）航区运价。适用于同一航区内各港间按不同货种、不同运输距离而规定的差别运价。这种运价的特点是同一货种随运输距离变化其运价水平有较大的差别，因此，这种定价方式有时被称为"里程运价"。航区运价又可分为下面两种主要形式。

①均衡里程运价。同一货种货物的运价率的增加随运输距离的增加成正比关系，即每吨公里运价为不变值。某些内河航区采用这种定价。

②递远递减运价。对同一货种，每单位里程的运价随运输距离的增加而降低。例如在100海里①时运价为0.1元/(t·海里)，则每吨货物100海里的运费为10元；而在200海里时运价为0.09元/(t·海里)，则每吨货物200海里的运费为18元。

（3）航线运价。指按照船舶运输的航线对货种进行定价。例如，秦皇岛—广州煤炭运价为30元/t。航线定价也可以包括中转在内的运输定价。水路运输运费分类见表4-15。

表4-15　水路运输运费分类

分类	
按适用范围分类	（1）远洋船舶货物运价。 （2）沿海船舶货物运价。 （3）内河船舶货物运价
按运价制定方式划分	（1）国家定价。国家定价可分为以下两种：①政府定价；②政府指导价。 （2）合同运价。 （3）运价表运价

---

① 1海里=1.852km。

续表

分类	
按运输形式划分	（1）直达运价。 （2）联运运价。 （3）集装箱运价。 （4）航次租船运输运价
按运价单位划分	（1）单一运价。 （2）航区运价：①均衡里程运价；②递远递减运价。 （3）航线运价

三、班轮运输的运价及运费

1. 运价与运价本

班轮运输承运人为完成货物运输而从托运人那里取得的报酬，称为班轮运费；而计算班轮运费的费率，则称为班轮运价。班轮运价一般是以运价本的形式对外公布的。

班轮运价本的种类如图 4-12 所示。

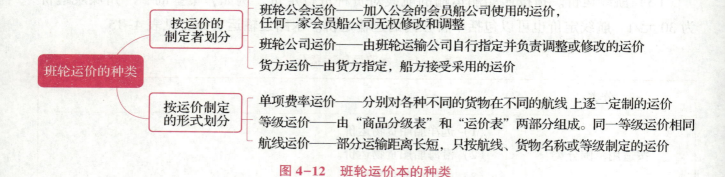

图 4-12　班轮运价本的种类

2. 运价本的内容

运价本也称费率本或运价表，是船舶公司向托运人收取运费的费率表的总结。各种运价本虽然在内容上稍有区别，但一般都应包括以下内容。

1）说明及有关规定。即说明运价的适用范围、计价币别、计算单位以及有关规定。

2）港口规定及条款。即将一些并非承运人规定，而是有关港口或政府的特别规定或习惯做法，以运价本条款的形式列明，以明确责任，避免纠纷。

3）货物等级表。列明各种货物所属的运价等级和计费标准的一览表。

我国将远洋运输的货物分为20个级别。货物运价分级表不可能将成千上万的商品货物一一列名，只能选取每一级别货物中有代表性的、标志性的货物列名，称为"列名货物"，其他的则用"集合名称"或"未列名的×××"表示。

4）航线费率表。由基本港、货物等级、费率三部分组成。

5）附加费率表。A. 以公告或通知的形式表现的附加费率；B. 在运价本中以附加说明的形式表现的附加费率；C. 单独以附加费率表形式表现的附加费率。

3. 计费标准

计费标准是指计算运费时使用的计费单位。在班轮运输中，主要使用的计费标准是按容积和按重量计算运费；对于高价值货物，则按其货价的一定百分比计算运费；对于某些特定的商品也会按其实体的个数或件数计算运费。

各种不同的商品应按何种计费标准计算运费，在船公司制订的运价表中都有具体的规定。通常都用表4-16中各种符号表示。

表4-16 不同符号的含义

符号类型	详情	备注
以"W"表示	指该种货物按商品的毛重计算运费	在实际业务中，一般规定凡一t重量货物的体积小于$1m^3$的货物按其重量计收运费。（重货按重量计收运费）
以"M"表示	指该种货物按尺码或体积计算运费	在实际业务中，一般规定凡一t重量货物的体积大于$1m^3$的货物按其尺码计收运费。（轻泡货按体积计收运费）
以"W/M"表示	指该种货物分别按商品的毛重和体积计算运费，并选择其中运费较高者收取运费	
以"Ad. Val."表示	指该种货物按其FOB价格的一定百分比计算运费，这种运费也称之为从价运费	
以"Ad. Val. Or W/M"表示	指该种货物按其FOB价格的一定百分比和毛重、体积计算运费，并选择其中运费较高者收取运费	

4. 计费方法

班轮运费的构成。

班轮运输应收取的运费分为基本运费和附加费两部分。基本运费是对任何一种货物都要计收的运费；附加运费是视不同情况而加收的运费。

1）基本运费。

在班轮运输航线上为基本港之间的运输而制定的运价称为基本运价或基本费率。

基本港：班轮运输的船舶在某一航线上定期或经常挂靠的主要港口。

2）附加费。

附加费名目繁多，而且经常变动。常见附加费见表4-17。

班轮运费附加费

表4-17 常见附加费

类型	详情	备注
超重、超长、超高附加费	在运输中，如货物的重量和尺寸超过某一标准，则相应加收超重、超长附加费	其具体标准为，我国的规定：单件货物的重量超过5t的为超重货，长度超过9m的为超长货
直航附加费	直航附加费是指托运人要求承运人将其所托运的货物从装船港装船后，不经过转船而直接运抵航线上某一非基本港时所增收的附加费	
转船附加费	转船附加费是指货物必须在中途挂靠港口换装另一船舶才能运到目的港时，承运人加收的附加费	
港口附加费	港口附加费是指由于港口拥挤，或者港口作业效率较低，或者港口收费较高等情况加收的附加费	常见的有港口拥挤附加费
燃油附加费	燃油附加费是指因国际市场上燃油价格上涨，船舶的燃油费用支出超过原核定成本，承运人为补偿燃油费用的增加而收取的附加费	

此外还有旺季附加费、战争风险附加费、特殊柜型附加费、特殊货物附加费、汇率变动附加费等。

任务实施

水路货物运费的制定包括货运基本价格的制定、货类分级及级差率的确定、运价里程与计算里程的确定、运价率表的制定等。

步骤一：货运基本价格的制定

（1）综合基价。

综合基价是指以综合运输成本为基础进行测算的货运基本价格。其理论公式为：

综合基价 =（运输成本+利润+税金）/计划期换算货物周转量 [元/(t·km)]

式中：运输成本——计划期部门或航区预计货运成本；

利润——按规定利润率计算办法所得的利润额；

税金——计划期按国家规定的工商税率计算出来的税金；

计划期换算货物周转量——以基本货类、基本船型为基础，各货类、船型按运输生产效率的一定比例换算而得的货物周转量。

综合基价确定后，不同货种、不同运距的货物运价率可按下式确定：

运价率 = 综合基价×里程×级差系数（元/t）

以综合基价为基础而确定的货物运价，是一种均衡里程运价。它既能反映货物运价的总体水平，也能反映不同运距、不同货种的运价差别，测算也比较方便。但是此法不能较好地体现运输成本随运距变化的情况，不能反映运距的变化对停泊成本和航行成本的不同影响。

（2）组合基价。

组合基价是指由航行基价和停泊基价组合而成的货运基本价格。它是递远递减运价的基础。比综合基价（均衡里程运价）合理。其理论计算公式为：

组合基价 = 航行基价×里程+停泊基价（元/t）

航行基价 =（航行成本+利润+税金）/计划期换算周转量 [元/(t·km)]

停泊基价 =（停泊成本+利润+税金）/计划期换算货运量（元/t）

式中：航行成本、停泊成本——分别指与船舶航行、停泊有关的成本；

航行基价、停泊基价中的利润、税金——船舶在航行、停泊期间应分摊的利润和税金；

计划期换算周转量、货运量——以基本货类、基本船型为基础，各货类、船型按运输生产效率进行换算而得的货物周转量、货运量。

组合基价确定后，不同货种、不同运距的货物运价率按下式计算：

运价率 = 组合基价×级差系数（元/t）

以组合基价为基础而确定的货物运价，是一种递远递减运价。随着运距的增加，每吨公里停泊基价在逐步减少，而航行基价为不变值，从而每吨公里运价随运距的增加也逐渐减少。采用递远递减运价能较好地体现运输成本随运距变化的情况，比均衡里程运价更为合理。

步骤二：货类分级及级差率的确定

（1）货物分级和分级数的确定。

①货物分级。

对货物分级应主要从运输效率和运输成本上来分析确定，通常要考虑货物的积载因数、

货物运输及装卸的难易程度、货物的理化性质、货物的运费承担能力及与其他运输方式的比价等。不同级别的货类在运价上是有差别的，贵重货物高于普通货物，危险货物高于一般货物，成品货物高于原材料，轻质货物高于重质货物。

②货物分级数的确定。

货物分级数的多少要能合理体现各种货类在运价上的差别和便于计算核收。我国沿海（包括北方沿海、华南沿海）、长江、黑龙江及部分地方航区采用10级分类制。

(2) 级差率的确定。

级差率是指同一航线不同级别货物运价率之间的递增（或递减）率。其计算公式为：

$$级差率=（后级运价率-前级运价率）/前级运价率×100\%$$

$$后级运价率=前级运价率×（1+级差率）（元/t）$$

级差率的数值可以是正数，也可以是负数。若为正数，则说明后一级的运价率高于前一级；反之，后一级的运价率低于前一级。

级差系数，是指各级货物的运价率对基级货物运价率（即基价）的比例关系，可根据各级级差率推算。

如果已知级差系数和基价，则其他级别的运价率可按下式确定：

$$各级运价率=基价×相应的级差系数$$

步骤三：运价里程与计算里程的确定

运价里程是指由水运主管部门统一颁布的为测定两港间运价率而特设的里程。它不同于实际里程和航行里程，比较稳定，不得任意更改，只有在航道或港区发生永久性变化时，才由水运主管部门统一修订。

在制定运价率表时，为便于运作和简化，往往把运价里程划分为若干区段。每一区段适合从某一里程起至下一里程止的特定范围。若两港间的运价里程落在某一里程区段内，则按统一规定的里程计算，这一里程称为计算里程。

我国对沿海航区和长江航区里程区段的划分以及相应采用的计算里程均有不同规定。如长江航区对于里程区段划分为以每10km为一里程区段的形式，即1~10km、11~20km、21~30km、……依此类推。

步骤四：计算本题

该批货物的运费为：运费=计费标准×基本运费×货物数量（1+各种附加费率）= 0.47×0.3×0.2×367×100（1+33%+5%+15%）= 0.028 2×367×100×1.53 = 1 583.46（港元）。

任务评价

任务评价见表4-18。

表 4-18 任务评价

被评考人		考评任务：计算水路运输运费			
考评步骤	考评内容及分值	自我评价（30%）	小组评议（40%）	教师评价（30%）	合计得分（100%）
步骤一	货运基本价格的制定（30 分）				
步骤二	货类分级及级差率的确定（30 分）				
步骤三	运价里程与计算里程的确定（40 分）				
综合评定					
考评标准	资料准备	知识掌握	语言表达	团队合作	沟通能力	合计得分
分值	20	30	20	15	15	
注：任务总评得分=考评步骤（70%）+综合评定（30%）			任务总评得分		

项目 5

了解航空运输

项目简介

航空运输是一种现代化的运输方式，因其快速、准确、安全、便利的特色服务而被越来越多的经营者所选择。近年来，航空货物运输在货物运输方式中扮演着非常重要的角色。

学习目标

知识目标：

- 掌握航空运输的概念；
- 掌握航空货物运输的特点；
- 掌握航空货物运输业务。

能力目标：

- 能够讲解航空货物运输流程；
- 能够缮制航空运单。

素养目标：

- 通过对航空货物运输的了解提升安全意识和成本意识；
- 通过缮制航空运单培养严谨细致、精益求精的工作态度；
- 通过处理航空货物运输流程培养劳动意识，提升沟通能力、团队协作能力；
- 具有社会责任感。

项目 5　了解航空运输

任务 1　认识航空货物运输

任务介绍

认知航空运输

通过本任务的学习和训练，学生可以掌握航空运输的营运方式；掌握航空货物运输的组织方法；掌握航空货物运输的工作流程；能根据空运货物的种类选择营运方式和组织方式；能根据航空货物运输流程展开具体的工作流程；具备良好的沟通能力和团队合作精神。

任务描述

航空运输业务中有承运人航空公司、空运代理人以及收发货人（统称为航空货运当事人），作为货代公司的从业人员，不仅要正确认识这些关系，在办理航空货物运输过程中还需要与海关、商检等多个部门打交道。

请分析航空货运当事人在航空运输业务中分别负责什么工作。

知识链接

一、航空货物运输及其方式

（一）航空货物运输的概念

航空货物运输是使用飞机、直升机或其他航空器进行货物运输的一种形式。航空运输的单位成本很高，因此，主要适合运载的货物有两类：一类是价值高、运费承担能力强的货物，如贵重设备的零部件、高档产品等；另一类是紧急需要的物资，如救灾抢险物资等。航空货物运输的业务形态主要有航空运输业、航空运送代理业及航空运送作业三种。

（二）航空货物运输的主要方式

航空货物运输的主要方式包括班机运输、包机运输、集中托运和航空快递，见表 5-1。

表 5-1 航空运输的主要方式

序号	主要方式	概念	特点
1	班机运输	班机运输是指在固定开航时间、航线上定期航行的运输方式。班机运输一般有固定的始发站、途经站和目的站	优点：一般通过规模较大的航空公司在货运量较为集中的航线上开辟服务。具有快速准确、方便货主的优点。 不足：由于班机运输往往采取客货混合型，随淡旺季等因素可能会出现舱位有限等情况
2	包机运输	包机运输是指航空公司按照约定的条件和费率，将整架飞机租给一个或若干个包机人（包机人是指发货人或航空货运代理公司），从一个或几个航空站装运货物至指定目的地。 包机运输通常可分为整机包机和部分包机。整机包机适合运送大批量的货物，运费不固定，一次一议。部分包机适合运送重量在1t以上但又不足整机的货物	优点：包机运输可以解决班机运输中舱位不足的问题；货物全部由包机运出，可以节省时间，简化发货手续，减少货损、货差或丢失的现象。还可以由承担飞机的双方议定航程的起止点和中途停靠的空港，具有较强的灵活性。 不足：由于各国政府为了维护本国航空公司的利益，多对从事包机业务的外国航空公司进行各种限制。如包机的活动范围比较窄，降落地点受到限制。在指定地点以外的地方降落时必须在降落前向当地政府有关部门申请批准
3	集中托运	集中托运是指航空货运代理公司先将若干批单独发运的货物集中成一批，再向航空公司办理托运，填写一份总运单送至同一目的地。 集中托运是航空货物运输中最为普遍的一种运输方式	优点：集中托运的优点体现在更为低廉的费率、更高的服务质量以及更快的资金周转。 不足：一般贵重物品、危险品、活动物、外交信袋、一级文物等不能办理集中托运；易腐货物、紧急货物或其他对时间要求高的货物的运输也不太适合集中托运的方式。对于享受航空优惠价的货物，集中托运可能运费更高
4	航空快递	航空快递是指由快递公司与航空公司合作，向货主提供快递服务的一种运输方式	优点：航空快递具有运输快捷、服务安全可靠、送达有回音、查询快捷等特点，可以提供"门到门"的服务。 不足：不适合大量货物运输

二、航空货物运输的特点

1. 速度快

速度快是航空运输的最大特点和优势，截至目前，航空运输仍然是最快捷的货物运输方式。现代喷气式运输机的经济巡航时速都在900km左右，且运距长、运送速度快、在途时间短，货物在途风险低，因此许多贵重物品、精密仪器适合航空运输。同时，航空货物运输在易腐的鲜活商品、时令性商品、抢险救灾物资的运输中也发挥着重要作用。

2. 运输里程最短

飞机除了航行的特殊需要以外，一般是在两点间做直线飞行，不受地面条件限制，因此，同一起讫点间，航空运输里程最短。

3. 灵活性高

飞机是在广阔的天空中飞行，较之火车、汽车或船舶受到航线制约的程度较小。飞机可以按班期飞行，也可以做不定期飞行，具有灵活性高的特点。

4. 安全性高

在航空运输中，对飞机适航性要求极其严格。与其他运输方式相比，航空运输的安全性最高。航空公司的运输管理制度比较完善，地面操作流程的环节比较严格，货物空运时间短，货物的破损率较低。

5. 货物包装要求低

在航空运输中，空中航行的平顺性和自动着陆系统的应用降低了货损的可能性，因此，在一定程度上降低了对货物包装的要求。

6. 建设周期短、投资少、见效快

从设备条件上讲，只要添置飞机和修建机场就可以基本满足航空运输的要求。航空运输建设周期短、占地少、投资少、见效快。修建铁路的投资是开辟航线投资的1.6倍，在运输能力相当的情况下，修建铁路周期为5~7年，投资回收期为33年；而开辟航线的周期为2年，投资回收期为4年。

航空货物运输的主要缺点是飞机本身的机舱容积小、载重能力较差，不能承运大型、大批量的货物，运载成本和实际运价比其他运输方式要高得多。航空运输在一定程度上受到气候条件的限制，从而影响运输的准点率与正常率。通常情况下，航空运输难以实现货物的"门到门"运输，必须借助其他运输工具转运。此外，航空运输速度快的优点在短途货物运输中难以发挥。

三、航空货物运输的种类及适用范围

1. 航空货物运输的种类

航空货物运输分为国内航空货物运输和国际航空货物运输。

国内航空货物运输是指根据当事人订立的航空货物运输合同，运输的出发地点、约定的经停地点和目的地均在境内的航空货物运输。

国际航空货物运输是指无论运输有无间断或者有无转运，运输的出发点、约定的经停地

点和目的地之一不在本国境内的运输。国际航空货物运输要根据当事人订立的航空货物运输合同执行。

2. 航空货物运输的适用范围

航空运输主要适合运载的货物有两种，一类是价值高、重量轻和体积小的物品，如贵重设备的零部件、高档产品等；另一类是时效性强、需求紧急的物品，如极易腐烂的产品、节日用品、救灾抢险物资等。同时，国际运输是航空运输的主要收入来源，国际货物联系基本上依赖航空运输和海洋运输，而航空运输是小件、高附加值货物运输的主要方式。

四、航空运输的相关组织

航空运输的相关组织主要有以下三个。

1. 国际民用航空组织

国际民用航空组织（International Civil Aviation Organization，ICAO）是联合国所属专门机构之一，也是政府间的国际航空机构。其总部设在加拿大的蒙特利尔。我国是该组织的成员国，也是理事国之一。该组织的宗旨和目的在于发展国际航空的原则和技术；满足世界人民对安全、正常、有效和经济的航空运输的需要，防止因不合理的竞争而造成经济上的浪费；保证全世界国际民用航空的安全、有序地发展；等等。

2. 国际航空运输协会

国际航空运输协会（International Air Transport Association，IATA）是各国航空运输企业之间的联合组织，其会员必须是国际民用航空组织成员国的空运企业。协会的主要任务是促进安全、定期和经济的航空运输，扶助发展航空运输业；促进直接或间接从事国际空运业务的空运企业之间的合作；促进与国际民用航空组织和其他国际组织的合作。国际航空运输协会是一个自愿参加、不排他的、非政府的民间国际组织。

3. 国际货运代理协会联合会

国际货运代理协会联合会（International Federation of Freight Forwarders Association，法文Fédération International des Associations de Transitaires et Assimilés，缩写为FIATA）是非营利性国际货运代理的行业组织。其会员不仅限于货运代理企业，还包括海关、船务代理和空运代理、仓库、卡车、集中托运等部门，因为这些部门都是国际运输的一部分。国际货运代理协会联合会的宗旨是保障和提高国际货运代理在全球的利益，工作目标是团结全世界的货运代理行业。

任务实施

步骤一：分析任务

航空货物运输各当事人的责任划分如图5-1所示，从发货人到收货人的业务过程可以发现,发货人委托空运代理承办航空运输,空运代理提货后,向海关办理清关然后交付给承运人航空公司承运(之前完成订仓手续等),航空公司运至指定地点后,由收货人代理办理清关并交付货物给收货人。

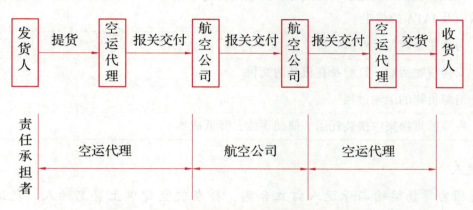

图 5-1 航空货物运输各当事人的责任划分

步骤二:分析航空运输中的当事人

(1)航空公司。

航空公司自身拥有飞机从事航空运输活动。航空公司一般只负责空中运输,即从一个机场运至另一个机场的运输。多数航空公司经营定期航班,如法航、日航、德航、瑞航、美联合航等。有些则无定期航班,只提供包机运输,如卢森堡货运航空公司、马丁航空公司等,它们拥有货机,运输大批量货物、超限货物及活种牲畜十分方便。

(2)航空货运代理公司。

航空货运代理公司又称空运代理,它们从事航空货物在始发站交给航空公司之间的揽货、接受、报关、订舱及在目的地从航空公司手中接货、报关、交付或上门服务等业务。

货运代理人提供给发货人有关出口货物方面的服务,以及收货人进口货物方面的服务见表 5-2。

表 5-2 航空货运代理业务范围

序号	航空货运代理的服务业务
1	为运输商提供有关进口国的各种信息
2	为货主提供方收货及集中货物的各种设备
3	安排从货主处取货
4	准备运输文件,如填制航空货运单,包括各种费用的收取。按照与运输相关的国家、海关、承运人的要求备好各种文件,如商业发票、装箱单等
5	检查进出口许可证是否完备,是否符合相关政府规定

续表

序号	航空货运代理的服务业务
6	保证包装单及其他必要的文件,如危险货物申报单、动物证明书等,以便其符合有关国家政府及 IATA 的规定
7	为货主办理保险业务
8	安排货物运输、订舱及在机场的交付
9	追踪货物的运输过程
10	将零散货物集中拼装托运,简便手续,降低成本

（3）托运人。

托运人是指为货物运输与承运人订立合同,并在航空货单上署名的人。托运人对货运单上关于货物的各项说明和声明的正确性及由于延误、不合规定、不完备,给承运人及其代理人造成的损失承担责任。托运人有权在起运地、目的地将货物提回或在途中经停时终止运输,或将货物交非货运单上指定的收货人,但不得使承运人或其他托运人遭受损害。托运人需提供各种必要资料以便完成货物交给收货人前的海关、税务或公安手续,并将有关证件附货运单交给承运人并承担因资料或证件缺乏、不足或不合规定而给承运人造成的损失。

（4）收货人。

收货人是指航空货运单上收货人栏内所列的人,如果运费到付,收货人应履行支付运费的基本义务,如果收货人未逾期提货,则应当按规定向承运人补交相应的保管费。

步骤三：分析航空运输当事人的职责

航空公司通过空运代理接揽货物,增加运量,延伸服务功能；空运代理则通过航空公司将货物按委托人旨意运送至收（发）货人,其是航空公司与收（发）货人之间联系的纽带。

步骤四：了解中国各航空公司的标志（图5-2）

图 5-2　中国各航空公司的标志

项目 5　了解航空运输

任务评价

任务评价见表 5-3。

表 5-3　任务评价

被评考人			考评任务：认识航空货物运输			
考评步骤	考评内容及分值		自我评价（30%）	小组评议（40%）	教师评价（30%）	合计得分（100%）
步骤一	认识航空货运（20分）					
步骤二	清楚航空货运相关组织（35分）					
步骤三	熟悉航空货运当事人（45分）					
综合评定						
考评标准	资料准备	知识掌握	语言表达	团队合作	沟通能力	合计得分
分值	20	30	20	15	15	
注：任务总评得分=考评步骤（70%）+综合评定（30%）			任务总评得分			

任务 2　操作航空货物运输

任务介绍

通过本任务的学习和训练，掌握航空运输的进出港业务，能够操作进出港作业流程；具有良好的合作团队协作精神，有较强的沟通能力、业务协调能力；有良好的客户服务意识。

任务描述

二甲苯是一种有机化合物，无色透明液体，分子式为 C_8H_{10}，是苯环上两个氢被甲基取代的产物，存在邻、间、对三种异构体。在工业上，二甲苯即指上述异构体的混合物。其广泛用于涂料、树脂、染料、油墨等行业做溶剂；也可用于医药、炸药、农药等行业做合成单体或溶剂；还可作为高辛烷值汽油组分，是有机化工的重要原料。

2022 年 6 月，李明接到二甲苯的空运进口委托任务，请问对于这种危险品空运，需要注意哪些问题？

知识链接

一、国内空运出港业务

国内空运出港业务是国内航空运输代理业务中的一个重要组成部分。其基本作业流程如图5-3所示。

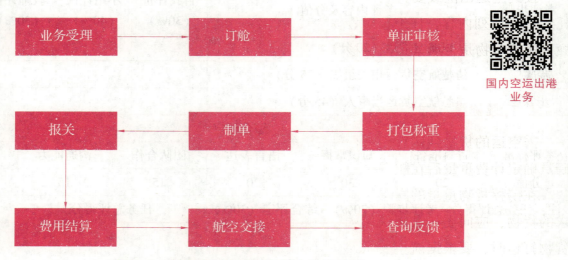

图5-3 国内空运出港业务基本作业流程

1. 业务受理

（1）国内空运调度，首先进行信息查询，确定通过网络、传真及班车带回的货物中是否有到港空运货物及到港中转的预报业务。

（2）按预报出港货物委托信息提供的目的地、件数、重量、体积等信息，做好记录。

（3）接收委托人委托空运的传真文件，按客户提出的要求做好预订舱记录。

（4）受理委托人要求空运的电话咨询，了解货物情况及目的地、件数、重量、提供方式，做好电话预订舱记录。

2. 订舱

订舱是向航空公司申请运输并预订舱位的行为。货物订舱需根据发货人的要求和货物本身的特点而定。一般来说，大宗货物、紧急物资、鲜活易腐物品、危险物品、贵重物品等必须预先订舱。非紧急的零散货物，可以不预先订舱。

航空货运代理公司订舱时，可依照发货人的要求选择最佳航线和最理想的承运人，同时为其争取最低、最合理的运价。舱位订妥后，航空货运代理公司应及时通知发货人备单、备货。

订舱的基本操作如下：

（1）订舱。按已到的空运货物量直接向航空公司订舱，获取航班号，并将确认的航班信息输入计算机系统。

（2）预订舱。根据订舱记录对未到的货物或委托人预报的空运信息，向航空公司预订舱位，将航空公司确认的预订信息输入计算机系统。

3. 单证审核

接到空运出港或委托人前来委托空运的信息，审核由委托人填写的"航空公司国内货物托运书"所列内容，仔细核对货物名称、件数、体积大小、包装和完好程度，确定计费重量，甄别所托货物是否属禁运品，核实委托人及收货人姓名，核对无误后请委托人在委托书上签名确认。

4. 打包称重

需空运的货物到达后，进行卸货、磅秤货物重量、文电、丈量体积、计算计费重量。司磅员确定计费重量后在航空托运书上签字确认，将托运书交制单员。

在磅秤货物重量的同时，应仔细检查货物包装是否符合航空要求；对包装不符合航空要求的货物，应向委托人建议加固外包装或更改包装，并为委托人提供打包或改包装服务。为货物打包时，要根据航空要求及货物特点，以牢固、不易破损为原则。贵重物品、易碎物品在加固后，必须在货物的外包装上粘贴特殊标志，如防潮、防倒置、勿倾斜、轻搬轻放等标志。

5. 制单

制单是指编制航空货物运单，包括总运单、分运单。

编制航空货物运单是空运出口业务中最重要的环节，运单填写的正确与否直接关系到货物能否及时准确地送达目的地。因此，相关人员必须详细、准确地填写各项内容。

航空货物运单是承运人与托运人之间签订的运输契约，也是承运人或其代理人签发的货物收据。航空货物运单还可作为核收运费的依据和海关查验放行的基本单据，但是航空运单并不是代表航空公司的提货通知单。

编制航空运单，应注意以下几点：

（1）应按委托人要求，详细填制所到达的城市及该城市代号，以及托运人、收货人的名称、地址、联系电话、件数、重量、计费重量航班日期、货物名称、外包装情况。对特殊体积的货物，需注明体积尺寸。

（2）在储运注意事项及其他栏内，对已订舱的货物应标注"已订舱"字样，有随机文件的应注明随机文件份数，需机场自提的货物应标注"机场自提"字样。

（3）对"门到门"运输的货物，由制单员将运单及委托人填制的"国内货物托运书"一并进行复印，并将复印件交给到港调度人员制作派送单。

6. 报关

报关是指发货人或其代理人在发运货物之前,向出境地海关提出办理出口手续的过程。报关包括申报、征税、查验和放行四个步骤。

7. 费用结算

根据分运单的总价对单票空运业务进行结算,应注意以下几点:

(1) 对委托人现场收取运费的,按分运单标明的总价开具发票,列明收费项目、运单号连同分运单(第一联)交委托方,收取现金或支票。

(2) 凡与公司签订业务合同、协议的委托人,以公司内部划账结算方式,列为月结账客户,采用结算时将分运单第一联交委托人的结付方式。

(3) 制作"单票结算单",将运单上所显示的收费内容分类计算,列明收入与支出并显示所得利润。"单票结算单"应填制委托人名称、收入来源、支出流向。

8. 航空交接

根据不同航空承运人所列货运单内容,制作"航空交接单"。该单为航空承运人交接凭证,必须清晰显示交接货物的运单号、件数、重量、目的港城市名称。贵重物品托运时,必须填制"贵重物品交接单",内容包括货物的名称、件数、重量、外包装运单号、目的港城市名称,连同"航空交接单"一起交承运人。

交货时,按承运人指定的交货时间、地点进行托运交接。双方过磅清点件数后,将总运单的第三联至第七联随机文件及贵重物品交接清单移交承运人,双方在交接清单上签名。

9. 查询反馈

空运出港、中转的货物与航空公司交接后,经查询确认该航班货物是否已按预订航班正常出运,如遇分批出运,应询问分批出运的次数和每次出运件数、重量;如遇隔日配载,次日航班起飞后再进行查询,直至该批货物全部出运完毕。

出运完毕后,及时将信息反馈给发货人或委托人,向其提供航班号、运单号和出运日期等,并随时提供货物在运输过程中的准确信息。与此同时,将发货人留存的单据,包括盖有放行章和验讫章的出口货物报关单、航空运单正本及其他单据,一并寄送发货人。

对于集中托运的货物,还应将发运信息预报给收货人所在地的国外代理人,以便国外代理人及时接货、查询、分拨处理。

二、国内空运进港业务

国内空运进港业务主要是指为委托人委托的进港货物提供机场提货及"门到门"的派送等业务,其基本作业流程如图5-4所示。

国内空运进港业务

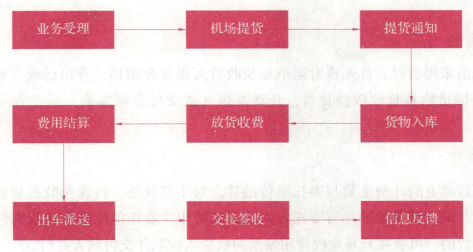

图 5-4　国内空运进港业务基本作业流程

1. 业务受理

根据到港货物信息，通知车辆调度员安排车辆接货，再将信息输入管理信息系统，注明货物件数、重量、体积、到港航班号和到达时间。

对需派送的到港货物，通知业务员准备派送单证，做好相关派送准备工作。将所需派送单证交车辆调度员，同时制作车辆申请单，详细填写所列内容。

2. 机场提货

接货操作员按到港预报信息，在飞机到达 2h 后，前往机场与航空公司人员进行现场交接，核对运单号，按运单号逐一清点到港货物票数、件数。确认无误后，在航空公司交接清单上签收。对残缺或有异常情况的货物，应及时向航空公司索取"商务记录单"，注明航班号、运单号、货物件数和异常货物情况的详细记录。

3. 提货通知

货物到达仓库 2h 内，通知收货人，告知提货时所需的运单传真件、身份证及单位介绍信等文件与费用。对无法正常取得联系的收货人，应及时与起运港委托人联系，获得确切的联系方式后及时通知，并做好记录。

4. 货物入库

（1）货物入库应由专人（如当日值班人员）负责，根据货物的品名、件数、体积及库位状况确定存放地点。

（2）货物进库前应仔细核对外包装上的唛头、航空标签上的运单号，做好入库记录，注明货物的品名、件数、货主名称、来源、进库日期，经办人签字确认。

（3）货物入库时，如发现外包装破损，应向提货人员确认入库前的货物情况，并在入库

记录上注明。

5. 放货收费

当提货人前来提货时,首先核对运单号及收货人提货介绍信、身份证或有效证件,登记证件号码,根据货物重量收取提货费,开具发票(或交付定额发票)后,方可将货物交提货人。

6. 费用结算

业务员按运单上的计费重量与委托单位结算。对于超规格、特殊包装的货物,在接到要求派送预报后,确定派送地址并与委托方确定派送费用。委托单位要求代收到付运费及其他运杂费、派送费的,可直接开具应收费用发票向收货人收取并交付款人兑付。

7. 出车派送

接到派送预报后,按货物的到港(航班)时间、派送地址、联系人电话与联系人取得联系,问清客户的派送要求及送达时间,同时为客户提供货物相关信息,了解对方的卸货能力。

8. 交接签收

货物到达后与收货人当场清点交接签收,请收货人在派送单上签名并注明接受日期。

9. 信息反馈

派送完毕后,将收货人署名的签收单及相关单证反馈给委托人。

☞ 【试一试】

根据本任务所讲述的内容,上网查找航空货物进出港作业案例。并简要概括描述其业务流程和程序。

任务实施

步骤一:了解危险品有哪些

危险品是易燃、易爆、有强烈腐蚀性、有毒等物品的总称。例如汽油、强酸、强碱、苯、萘、赛璐珞、过氧化物等。运输和储藏时,应按照危险品条例处理。

危险货物按其具有的危险性或最主要的危险性分为9个类别。

第1类:爆炸品。

第2类:气体。

第3类:易燃液体。

第4类：易燃固体、易于自燃的物质、遇水放出易燃气体的物质。

第5类：氧化性物质和有机过氧化物。

第6类：毒性物质和感染性物质。

第7类：放射性物质。

第8类：腐蚀性物质。

第9类：杂项危险物质和物品。

步骤二：了解危险品空运进口的基本流程

到港前危险品海事局申报（如整柜）—报关—缴税放行（海关查验放行）—检验检疫查验（查验包装、中文标签，核对资料等）—提货—商检调离查验（查验包装、中文标签，核对资料等）。

步骤三：了解进口二甲苯需要注意的问题

（1）进口海运二甲苯（整柜）到港前发货人需要向海事局申报，不然会面临高额罚款。

（2）所有进口危险品需要做法检申报，接受检验检疫。

（3）所有二甲苯需要加贴中文危险品标签，建议有条件的情况下在国外粘贴，不然查验的时候会面临整改，产生额外费用。

（4）包装需要符合容纳危险品要求，包装上要有UN包装标记号。

因为危险品需要存放的要求相对于普通货物高很多，所以对堆场、仓储等的要求会较高，找一家成熟的清关合作公司能节约时间，节约时间就相当于节约费用。要尽可能地规避进口风险。

步骤四：了解进口二甲苯需要注意的问题

（1）提单。

（2）费用清单。

（3）装箱单。

（4）企业符合性声明。

（5）是否添加稳定剂声明。

（6）MSDS中文翻译件。

（7）中文危险品标签（中文GHS标签）。

MSDS很重要，要准确，因为中文危险品标签也是按照中文MSDS上信息制作的。

任务评价

任务评价见表5-4。

表 5-4　任务评价

被评考人			考评任务：操作航空货物运输			
考评步骤	考评内容及分值		自我评价（30%）	小组评议（40%）	教师评价（30%）	合计得分（100%）
步骤一	了解航空货物的进出港流程（20分）					
步骤二	清楚货方的进出港货运流程（35分）					
步骤三	熟悉航空公司进出港货运流程（45分）					
综合评定						
考评标准	资料准备	知识掌握	语言表达	团队合作	沟通能力	合计得分
分值	20	30	20	15	15	
注：任务总评得分＝考评步骤（70%）＋综合评定（30%）			任务总评得分			

任务3　计算航空运输费用

任务介绍

通过本任务的学习和训练，掌握航空运费的构成、计费重量的计算，掌握普通货物运价、指定商品运价、等级货物运价的计算方法；具备严谨细致的工作态度，不疏漏、勤核对，确保计算的准确性；培养成本节约意识和服务意识，爱岗敬业，有较强的责任心。

航空运费计算

任务描述

由北京到新加坡，运输一箱水龙头接管，质量为35.6kg，航空公司公布的运价如下，请计算航空运费。

M　　　　230元
N　　　　36.66元/kg
Q45　　　27.5元/kg
Q300　　 23.46元/kg

（注：M代理最低运费；N代表45kg以下的，普通货物运价；Q代理45kg以上的，根据计费质量计算的，普通货物的运价。）

知识链接

一、航空运费

航空运费是指将一票货物自始发地机场到目的地机场所应收取的航空运输费用，如图5-5所示。

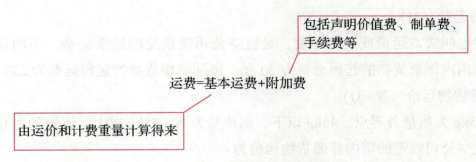

图 5-5 航空运费构成

1. 国际航空运输协会交通区域划分

与其他各种运输方式不同，国际航空货物运输中与运费有关的各种制度、运费水平都是由国际航空运输协会制定的，其将各成员国划分三个区。

一区：北美洲、南美洲；

二区：欧洲、非洲、西亚；

三区：亚洲、大洋洲。

2. 计费质量

因飞机客舱有限，对于质量大、体积小的货物，在运输时会受到一定限制。航空运输货物的计费质量一般按实际质量或按体积质量中的较高者计算。

（1）实际质量。

主要依据货物的毛重计算。

（2）体积质量。

每千克的货物其体积超过 6 000cm³ 或 366 立方英寸[①]时，以体积重量为计费重量。

$$1kg = 6\ 000cm^3$$

（3）计费重量为实际质量和体积质量中较高者。

航空运输中计费质量最小单位是 0.5kg，不足 0.5kg 时，按 0.5kg 计算，超过 0.5kg 但不足 1kg 时，按 1kg 计算。

---

① 1 立方英寸 = 16.387 1cm³。

例如：

实际质量为 5.2kg，计费质量为 5.5kg；

实际质量为 5.6kg，计费质量为 6kg。

二、航空运价

航空运输中共有 6 种运价代号，分别是 M、N、Q、C、S、R，分别介绍如下。

（1）起码运费（M）。

起码运费也叫成本运费或最低运费，是航空公司能接受的最低运费。不同地区有不同的起码运费，如国内每票货物的起码运费为 30 元，国际每票货物的起码运费为 230 元。

（2）普通货物运价（N、Q）。

一般将 45kg 为质量分界点，45kg 以下，运价号为 N；45kg 以上，运价号为 Q。

如：某航空公司规定的国内普通货物运价为：

45kg 以下，　　　N　　　　20 元/kg；

45kg 以上，　　　Q45　　　18 元/kg；

100kg 以上，　　Q100　　16 元/kg；

300kg 以上，　　Q300　　14 元/kg；

500kg 以上，　　Q500　　12 元/kg。

（3）指定商品运价（C）。

其是一种优惠性质的运价，发货人由于在某些航线上有经常性的某种货物运输，故发货人要求承运人制定指定商品运价，比普通货物运价低。

国际航空运输协会公布特种货物运价时将货物划分为若干类型，如图 5-6 所示。

0001~0999　　食用动物和植物产品；

1000~1999　　活动物和非食用动物及植物产品；

2000~2999　　纺织品、纤维及其制品；

3000~3999　　金属及其制品，但不包括机械、车辆和电器设备；

4000~4999　　机械、车辆和电器设备；

5000~5999　　非金属矿物质及其制品；

6000~6999　　化工品及相关产品；

7000~7999　　纸张、芦苇、橡胶和木材制品；

8000~8999　　科学、精密仪器、器械及配件；

9000~9999　　其他货物。

图 5-6　指定商品运价分组

其中每一组又细分为10个小组，每个小组再细分，这样几乎所有的货物都有一个对应的组号，公布特种货物运价时只要指出本运价适用于哪一组货物就可以。

（4）等级货物运价（S、R）。

该运价是针对航空运输中某些特定商品制定的，其计收方法是在一般货物运价的基础上进行提价或者优惠。

航空公司特定的商品包括：

①活动物；②贵重货物；③灵柩、骨灰；④书籍、杂志；⑤作为货物运输的行李。

S运价：①②③，一般在N上加多150%~200%；

R运价：④⑤，一般在N上减少50%。

任务实施

步骤一：计算普通货物航空运费（图5-7）

普通货物航空运费计算

例：由北京至新加坡，运输一箱水龙头接管，重量为35.6kg，计算运费。航空公司公布的运价为：
M   230元
N   36.66元/kg
Q45   27.5元/kg
Q300   23.46元/kg

计算步骤为：
1. 计算计费质量×相应质量等级的运价…………F1；
2. 计算较高质量等级的起始质量×相应的运价…………F2；
3. 比较F1和F2，实收运费为Min（F1，F2）；

计算：
1. 计费重量为36kg，适用运价号为N，费率为36.66元/kg，则：
F1：F1=36×36.66=1 319.76（元）
2. 采用较高重量分界点计算F2：
F2=45×27.5=1 237.50（元）
3. 对比F1和F2，选较低运费：
因为F1>F2，所以，该批货物的运费为1 237.50元。

图5-7 普通货物航空运费计算

步骤二：计算指定商品航空运费

由北京至大阪，运输20箱鲜蘑菇，共360kg，每箱包装长、宽、高尺寸分别为60cm、25cm、45cm，请计算运费。

航空公司公布的运价为：M   230.00元
                       N   37.51元/kg
                       Q45 28.13元/kg

指定商品运价C   0008类   300kg   18.8元/kg

```
0300 类      500kg      20.61 元/kg
1093 类      100kg      18.43 元/kg
2195 类      500kg      18.80 元/kg
```

指定商品运价计算原则和步骤如图 5-8 所示。

指定商品运价计算

指定商品运价的使用规则：
1. 货物的始发地与目的地之间公布的有指定的运价；
2. 托运人所交运的货物，其品名与指定的相同；
3. 货物的计费重量满足指定商品运价使用时的最低质量要求。

运费计算步骤：
1. 先查询运价表，如有指定商品代号，考虑使用指定商品运价；
2. 查找品名表，找出对应的指定商品代号；
3. 如果货物计费重量超出规定的最低重量，优先使用指定商品运价；
4. 若没有达到最低重量，需要比较计算（M、N、Q、C）。

图 5-8　指定商品运价计算原则和步骤

计算方法如图 5-9 所示。

计算1

1. 查询运价表，鲜蘑菇有指定商品代号，使用指定商品运价；
2. 查航空公司指定货物品名表，鲜蘑菇可以使用编号为0008类的指定商品运价。
3. 计费质量：360kg
　　　　　体积重量：60×25×45×20＝1 350 000（cm³）
　　　　　　　　　 1 350 000/6 000＝225kg＜360kg
　　毛重：360kg
4. 该批货物的运费为：360×18.80＝6 768（元）。

图 5-9　指定商品运价计算 1

上述案例中，若货主运输货物为 10 箱，毛重为 180kg，计算运费（图 5-10）。

计算2

1. 计费重量为180kg；
2. 计费重量小于指定货物运价0008类的最低重量180＜300；
3. 所以该批货物按最大量计算运费为　300×18.80＝5 640（元）；
　　若按普通货物运价计收：180×28.13＝5 063.4（元）；
因按普通货物运价计收费用较低，所以该批货物的运费为5 063.4元。

图 5-10　指定商品运价计算 2

上述案例中，若货物为2箱，毛重为36kg，试计算运费（图5-11）。

> **计算3**
> 1. 按指定商品运价：300×18.8=5 640（元）；
> 2. 按普通货物计算：36×37.51=1 350.36（元）；
> 3. 按Q45计算：45×28.13=1 265.85（元）；
> 三者取较低者，运费为1 265.85元。

图5-11　指定商品运价计算3

步骤三：计算特种商品运价

从北京运至东京的杂志重量为50kg，经查杂志属于附减等级运价，其公布的运价M为230.00元，N为37.31元/kg，Q为28.13元/kg，附减比例为Q运价的50%，试计算运费（图5-12）。

> **计算4**
> 杂志重为50kg，大于45kg，故运价应选Q，费率为28.13；
> 因杂志属附减等级货物，实际运价应为Q运价的50%；
> 运费为：50×28.13×50%=703.5（元）。

图5-12　特种商品运价计算

步骤四：了解声明价值附加费

航空运输的承运人与其他提供服务的行业一样，都向货主承担一定的责任。《华沙公约》中规定，对由于承运人自身的疏忽或故意而造成的货物损坏、丢失或延迟等所承担的责任，其最高赔偿金额为每千克货物（毛重）20美元，或7.675 41磅①（每磅9.07美元）或同等价值的当地货币，声明价值费计算方法如图5-13所示。

> **声明价值附加费的计算方法**
> 声明价值附加费=（整批货物的声明价值－20.00美元/kg×货物毛重）×声明价值附加费费率
> 声明价值附加费的费率通常为0.5%。

图5-13　声明价值附加费计算

---

① 1磅≈0.45kg。

> **【试一试】**
> 查询航空运价表，说明运价表信息并练习计算航空运费。

练习1

某公司空运出口一批商品（普货）共计115箱，每箱重15kg，体积尺寸长、宽、高分别为40cm、44cm、60cm，从北京运往迈阿密，问该批货物的空运运费为多少？

航空公司公布运价为：

M	81.49 元
N	197.69 元/kg
Q45	149.18 元/kg
Q100	129.86 元/kg
Q500	107.16 元/kg
Q1000	103.50 元/kg
Q2000	100.74 元/kg

练习2

从北京将一只大熊猫运往温哥华，重400.0kg，体积尺寸长、宽、高分别为150cm、130cm、120cm，计算航空运费。

航空公司公布运价为：

M	420.00 元
N	59.61 元/kg
Q45	45.68 元/kg
Q100	41.81 元/kg
Q300	38.79 元/kg
Q500	35.77 元/kg

任务评价

任务评价见表5-5。

项目 5　了解航空运输

表 5-5　任务评价

被评考人				考评任务：计算航空运输费用		
考评步骤	考评内容及分值		自我评价（30%）	小组评议（40%）	教师评价（30%）	合计得分（100%）
步骤一	了解航空货物计费重量（20 分）					
步骤二	掌握普通货物运价计算方法（35 分）					
步骤三	掌握指定货物运价和等级货物运价的计算方法（45 分）					
综合评定						
考评标准	资料准备	知识掌握	语言表达	团队合作	沟通能力	合计得分
分值	20	30	20	15	15	
注：任务总评得分=考评步骤（70%）+综合评定（30%）				任务总评得分		

任务 4　缮制航空运单

任务介绍

通过本任务的学习和训练，掌握航空运单的填写规范和内容，能够正确填写航货运单；具备高度的责任心，严谨细致、精益求精；具有较强的保密意识，能够为客户提供优质的服务。

了解航空运单

任务描述

2022 年 5 月 15 日，米朵分别接到两个客户的空运委托，要求在 5 月 28 日从国内发出货物：

第一个客户为上海市浦东新区客户，该客户需要将 1 台通信设备紧急发往美国休斯敦，该设备采用木质包装，规格为 50cm×60cm×40cm，毛重为 50kg，声明价值 10 000 美元。发货人为上海贝尔信息技术有限公司，地址为上海市浦东新区张江路 11 号（No.11, Zhangjiang Road, Pudong New Area, Shanghai）。收货人为 MetroBank Co., Ltd, 收货人地址为 9600 Bellaire Blvd. Suite 252, Houston, Texas, USA。

第二个客户为上海市闵行区客户，该客户需要把 100 台笔记本电脑发往美国休斯敦，该批笔记本电脑采用木质包装，规格为 50cm×60cm×40cm，毛重为 200kg，声明价值 70 000 美元。发货人为上海华硕电脑有限公司，地址为上海市闵行区虹槽路 100 号

(No. 100, Hongcao Road, Minhang District, Shanghai)。收货人为 Lansum Co., Ltd，收货人地址为 137 W San Bernardino Rd., Houston. Texas, USA。

于是米朵查看了有关航班信息，拟选择上海—台北—洛杉矶—休斯敦航线，将上述两个客户的货物向中国国际航空公司办理了集中托运手续，货物在上海浦东国际机场出发，由中国国航（航班号 CA195）承运至台北桃园机场，然后由长荣航空（航班号 BR012）承运至洛杉矶机场，再由联合航空（航班号 UA220）承运至休斯敦乔治·布什国际机场，最后由上海葵克国际货物运输代理有限公司在美国休斯敦的代理 Saint Freight Agency Co., Ltd（62 W Market St, Houston, Texas, USA）完成机场提货并分发给实际收货人。

已知：中国国际航空公司的数字代号为 999，货运单序号和检验号为 12345678，当日汇率：1 元 = 0.141 2 美元。

请帮助第一个客户完成航空托运委托书的内容填写，代表中国国际航空公司制作签发给米朵所在公司（上海葵克国际货物运输代理有限公司）的主运单。

知识链接

一、航空运单

航空运单（AIRWAY BILL，AWB）是航空运输公司及其代理人（即承运人）签发给发货人表示已收妥货物并接受托运的货物收据，航空运单也是代理人与托运人之间的运输合同，但它不是物权凭证，既不能背书转让（运单右上方有"NON NEGOTIABLE"字样），也不能凭其提货。

航空运输货物托运要先填写"国际货物托运书"，连同出口明细表、发票、装箱单及海关发票、商检需要的单证，办妥报关手续；当货物运抵目的地后，收货人凭航空公司的到货通知和有关证明便可提取货物并在货单上签收。

二、航空运单的内容及缮制

（1）航空运单编号（AIRWAY BILL NUMBER），位于航空运单最上方，编号由航空公司填写。编号前三位一般是各国航空公司的代号，如中国国示航空公司的代号为 999，日本航空公司的代号为 131 等。

（2）承运人（CARRIER），即航空公司。UCP500 第 27 条规定，若信用证要求提供空运单据，银行将接收表面标明承运人名称的单据。

（3）发货人名称及地址（SHIPPER'S NAME AND ADDRESS），发货人名称及地址、信用证结算方式一般填写受益人名称；托收结算方式一般填写合同卖方的名称地址，如信用证另有规定，则按相关要求填写。

（4）发货人账号（SHIPPER'S ACCOUNT NUMBER），一般可以不填。

（5）收货人名称及地址（CONSIGNEE'S NAME AND ADDRESS），在托收结算时一般填写合同中的买方信息。

（6）收货人账号（CONSIGNEE'S ACCOUNT NUMBER），一般可以不填。

（7）签发运单的承运人的代理人名称及城市名（ISSUING CARRIER'S AGENT NAME AND CITY），本栏若运单由承运人的代理人签发时，可填写实际代理人名称及城市名。如果运单直接由承运人本人签发，则此栏可以不填。

（8）代理人国际航空运输协会代号（AGENT'S IATA CODE），一般可以不填（IATA是"INTERNATIONAL AIR TRANSPORT ASSOCIATION"的缩写）。

（9）代理人账号（ACCOOUNT NUMBER），可填写代理人账号，供承运人结算时使用。一般不填。

（10）起飞机场和指定航线（AIRPORT OF DEPARTURE AND REQUESTED ROUTING），一般仅填写起航机场名称。

（11）会计事项（ACCOUNTING INFORMATION），指与费用结算有关的事项，如运费预付、到付或发货人结算使用信用卡卡号等。

（12）转运机场/首程船/路线及目的地（TO/BY FIRST CARRIER/ROUTING AND DESTINATION），货物运输途中需转运时按实际情况填写。

（13）目的地机场（AIRPORT OF DESTINATION），即货物运输的最终目的地机场。

（14）航班/日期（仅供承运人使用）（FLIGHT/DATE FOR CARRIER'S USE ONLY），即飞机航班号及其实际起飞日期。但本栏中所填内容只能供承运人使用，因此该起飞日期不能视为货物的装运日期（一般以航空运单的签发日期作为装运日期）。UCP500第27条规定，就本条款而言，位于空运单据的方格内（注有"仅供承运人使用"或类似意义的词语）的有关航班和起飞日期的信息，将不被视为发运日期的专项批注。

（15）货币及费用代码（CURRENCY AND CHGS CODE），即支付费用使用的货币国际标准电码表示，如USD、HKD等，费用代码可以不填。

（16）运费/声报价值费用及其他费用（WT/VAL AND OTHER）。

"声报价值费用"（VALUATION CHARGE），是指下列第17栏向承运人声报了价值时，必须与运费一起交付声报价值费。若该栏费用为预付，则在"PPD"（PREPAID）栏下打"×"。若是待付，则在"COLLECT"栏下打"×"。此栏应与第11栏保持一致。

（17）运费申报价值（DECLARED VALUE FOR CARRIAGE），即填写托运货物总价值，一般可按发票额填列，如不愿申报，则填"NVD"（NO VALUE DECLARED），即无申报价值。

（18）海关申报价值（DECLARED VALUE FOR CUSTOMS）。

此栏所填价值是提供给海关的征税依据。当以出口货物报关单或商业发票作为征税时，本栏可空白不填或填"AS PER INVOICE"，如果货物系样品等数量少且无商业价值，可填"NCV"（NO COMMERCIAL VALUE）。

（19）保险金额（AMOUNT OF INSURANCE）。

如发货人根据本运单背面条款要求购买保险，则在本栏内注明保险金额，若无，可填"NIL"。

（20）处理情况（HANDLING INFORMATION）。

可利用本栏填所需要注明的内容，如 A：被通知人；B：飞机随带的有关商业单据名称；C：包装情况；D：发货人对货物在途时的某些特别指示等；E：对第二承运人的要求等。

①件数（NUMBER OF PIECE）。

填入所装载货物的总包装件数（本栏中的 RCP 是"RATE COMBINATION POINT"的缩写，即税率组成点）。

②毛重/千克/磅（GROSS WEIGHT/KGS./B）。

填写以千克或磅为计量单位的货物毛重。

③费率等级（RATE CLASS）。

"M" "N" "Q" "C" "R" "S"。

任务实施

步骤一：回顾任务4的任务描述中的货运信息，此处不再赘述

步骤二：缮制国际货物托运书（表5-6）

表5-6 国际货物托运书

国际货物托运书 SHIPPER'S LETTER OF INSTRUCTION		
TO:	Shanghai Kuike International Cargo Transportation Agency Co., Ltd	进仓编号：
托运人	Shanghai Bell Information Technology Co., Ltd	
发货人 SHIPPER	Shanghai Bell Information Technology Co., Ltd No. 11, Zhangjiang Road, Pudong New Area, Shanghai	
收货人 CONSIGNEE	MetroBank Co., Ltd 9600 Bellaire Blvd. Suite 252, Houston, Texas, USA	
通知人 NOTIFY PARTY	Saint Freight Agency Co., Ltd 62 W Market St, Houston, Texas, USA	

项目 5　了解航空运输

续表

始发站	Shanghai Pudong International Airport	目的站	George Bush International Airport, Houston	运费	FREIGHT
标记唛头 MARKS	件数 NUMBER	中英文品名 DESCRIPTION OF GOODS		毛重（kg） G．W（kg）	尺码 （立方厘米） SIZE（cm³）
N/M	1CARTONS	COMMUNICATION EQUIPMENT 通信设备		50	50cm×60cm×40cm
其他		不投保，不声明价值 ONE COMMERCIAL INVOICE ATTACHED．NOTIFY ON ARRIVAL			
1．货单到达时间：2019 年 8 月 27 日			2．航班号：CA195		运价：
电话： 传真： 联系人： 地址： 托运人签字：			★如改配航空公司请提前通知我司 公章 制单日期：　　年　月　日		

步骤三：缮制航空运单（表5-7）

表 5-7　航空运单

999	SHANGHAI PUDONG INTERNATIONAL AIRPORT		12345678	CA	12345678
Shipper's Name and Address		Shipper's Account Number			
SHANGHAI BELL INFORMATION TECHNOLOGY CO. LTD 11 ZHANGJIANG ROAD, PUDONG NEW AREA, SHANGHAI CHINA			Copies 1, 2 and 3 of this Air Waybill are originals and have the same validity.		
Consignee's Name and Address		Consignee's Account Number			
MetroBank Co., Ltd 137 W San Bernardino Rd., Houston, Texas, USA			It is agreed that the goods described herein are accepted for carriage in apparent good order And condition (except as noted) and subject to the conditions of contract on the reverse hereof. all goods may be carried by and other means including road or any other carrier unless specific contrary instructions are given hereon by the shipper. the shipper's attentionis drawn to the notice concerning carrier's limitation of liability. Shipper may increase such limitation of liability by declaring a higher value for carriage and paying a supplemental charge if required.		

	Issuing Carrier's Agent Name and City						Accounting Information					
	Agent's IATA Code		Account No.									
	Airport of Departure (Addr. of First Carrier) and Requested Routing SHANGHAI PUDONG INTERNATIONAL AIRPORT SHANGHAI-TAIBEI-LOS ANGELES-HOUSTON											
To	By First Carrier Routing and Destination	To	By	To	By	Currency	CHGS Code	WT/VAL		Other	Declared Value for Carriage	Declared Value for Customs
								PPD	COLL	PPD COLL		
TAIBEI	CA	洛杉矶	BR	休斯敦	UA	USD		√			80000 美元	NCV
Airport of Destination GEORGE BUSH INTERNATIONAL AIRPORT, HOUSTON		Flight/Date For carrier Use Only Flight/Date CA195　　　BR012 UA220				Amount of Insurance	INSURANCE - If Carrier offers insurance, and such insurance is (20A) requested in accordance with the conditions thereof, indicate amount (20B) to be insured in figures in box marked "Amount of Insurance."					
Handing Information												
(For USA only) These commodities licensed by U.S. for ultimate destination ……………….. Diversion contrary to U.S. law is prohibited (21A)												
No of Pieces RCP	Gross Weight	kg lb	Rate Class		Chargeable Weight	Rate Charge		Total			Nature and Quantity of Goods (incl. Dimensions or Volume)	
			Commodity Item No.									
101	250	K	Q		250	48		12000			0.5m×0.6m×0.4m 0.8m×0.8m×0.6m	

Weight Charge		Other Charges
Prepaid	Collect	
12000		
Valuation Charge		
80000		
Tax		
Total other Charges Due Agent		Shipper certifies that the particulars on the face hereof are correct and that insofar as any part of the consignment contains dangerous goods, such part is properly described by name and is in proper condition for carriage by air according to the applicable Dangerous Goods Regulations.
Total other Charges Due Carrier		
		…………………………………………………… Signature of Shipper or his Agent

项目5　了解航空运输

续表

Total Prepaid	Total Collect				
12000					
Currency Conversion Rates	CC Charges in Dest. Currency				
1元= 0.1412美元	12000	Executed on（date）	at（place）	Signature of Issuing Carrier or its Agent	
For Carrier's Use only at Destination	Charges at Destination	Total Collect Charges			
		10338.88			

任务评价

任务评价见表5-8。

表5-8　任务评价

被评考人		考评任务：核算航空运输费用			
考评步骤	考评内容及分值	自我评价（30%）	小组评议（40%）	教师评价（30%）	合计得分（100%）
步骤一	了解货运信息（15分）				
步骤二	掌握运单缮制方法（25分）				
步骤三	准确缮制航空运单（60分）				
综合评定					
考评标准	资料准备	知识掌握	语言表达	团队合作	沟通能力	合计得分
分值	20	30	20	15	15	
注：任务总评得分=考评步骤（70%）+综合评定（30%）			任务总评得分		

项目 6

了解国际多式联运

项目简介

国际多式联运简称"多式联运",是采用两种或两种以上不同运输方式进行联运的一种运输形式。国际多式联运适用于水路、公路、铁路和航空多种运输方式。

由于海运业务在国际货运中的占比较大,故在国际多式联运中占据主导地位。

学习目标

知识目标：

- 掌握国际多式联运的基本特征；
- 掌握国际多式联运的流程；
- 掌握国际多式联运运费的计算方法。

能力目标：

- 能够操作国际多式联运业务；
- 能够计算多式联运的运费。

素养目标：

- 通过了解国际多式联运来熟悉国际货运的相关法律法规,合理规避风险；
- 加强国际交流与合作,具有较强的合作能力与协调能力；
- 尊重各国文化和风俗习惯,具有撰写国际信函的能力；
- 具有社会责任感和大局意识。

项目 6　了解国际多式联运

任务 1　认识国际多式联运

任务介绍

通过本任务的学习和训练，学生能够了解与认识国际多式联运，熟悉国际多式联运的概念与基本状况，培养其对运输行业的热爱，让其具备较强的安全意识，培养出认真、严谨的工作态度与吃苦耐劳的精神，使其尽快融入国际迅速发展的潮流。

陆桥运输

任务描述

2021年11月18日，五润公司与亚明台湾公司签订了进口3套冷水机组的贸易合同，交货方式为FOB（船上交货）、交货地点为美国西海岸，运输目的地为上海市吴江区。2021年12月24日，五润公司就运输的冷水机组向人保吴江公司投保了一切险，保险责任期间为"仓至仓条款"。同年12月27日，原告东方海外公司从美国西雅图以国际多式联运方式运输了装载于3个集装箱的冷水机组到达吴江区。原告签发了空白指示提单，注明发货人为亚明台湾公司，收货人为五润公司。

待货物到达上海港后，2022年1月11日，原告与被告中外运江苏公司约定，原告支付被告陆路直通运费、短驳运费和开道车费用共计9 415元，将提单下的货物交由被告陆路运输至目的地吴江区。但事实上，被告并没有亲自运输，而是汇付了8 900元运费，让吴淞公司实际运输。同年1月21日，当货物到目的地后，收货人发现其中两个集装箱破损，货物被严重损坏。

收货人依据货物保险合同向人保吴江公司索赔，保险公司赔付后取得了代位求偿权，向原告进行追偿。原告与保险公司达成了和解协议，已给保险公司11万美元的赔偿。之后，原告根据货物在上海港卸船时的理货单记载"集装箱和货物完好"，以及集装箱发放/设备交接单（出场联和进场联）对比显示的"集装箱出堆场完好，运达目的地破损"，认为被告在陆路运输中存在过错，要求被告支付其赔偿给保险公司的11万美元及由此而产生的利息损失。

知识链接

一、国际多式联运的定义

国际多式联运是在集装箱运输的基础上产生和发展起来的。根据1980年《联合国国际货物多式联运公约》（简称"多式联运公约"）以及1997年我国交通部和铁道部共同颁布的《国际集装箱多式联运管理规则》的定义，国际多式联运是指按照多式联运合同，以至少两种不同的运输方式，由多式联运经营人将货物从一国境内接管货物的地点运至另一国境内指定地点交付的货物运输。

二、国际多式联运的基本特征

（1）必须具有多式联运合同，其中应明确规定多式联运经营人（承运人）和联运人之间的权利、义务、责任、豁免的合同关系和多式联运的性质。

（2）必须使用一份全程多式联运单据，以此来证明多式联运合同及证明多式联运经营人（承运人）已接管货物并负责按照合同条款交付货物所签发的单据。

（3）必须是至少两种不同运输方式的连贯运输。这是确定一票货运是否属于多式联运的最重要的特征。

（4）必须是国际间的货物运输，这是区别于国内运输和判断其是否适合国际法规的限制条件。

（5）必须有一个多式联运经营人（承运人），对全程的运输负总的责任。其负责寻找分承运人实现分段运输。

（6）必须对货主实现全程单一的运费费率。多式联运经营人（承运人）在对货主负全程运输责任的基础上，制定货物发运地至目的地全程单一费率，并以包干的形式一次向货主收取。

三、国际多式联运的优越性

国际多式联运的优越性见表6-1。

表6-1 国际多式联运的优越性

序号	优越性	表现
1	手续简便	能够极大限度简化海、陆、空、公路、江河等的运输手续。货主只需要办理一次委托手续，支付一笔费用，取得一张全程运输单证

项目6　了解国际多式联运

续表

序号	优越性	表现
2	安全准确	国际多式联运由于采用了集装箱，虽然多段运输和多次装卸，均不用搬动箱中货物，可较好地保证货物的安全
3	运输迅速	在运输过程中，集装箱处理的机械化程度高，装卸速度快。由于经营人（承运人）与分承运人之间一般采用包干费率，所以各分承运人总会以最快的速度处理其负责的运段，以降低成本，增加利润
4	节省包装	使用集装箱装载货物，可以简化外包装，让发货人节省很大一笔包装费用
5	提早收汇	货物装上第一程运输工具后便可取得联合运输单据，凭此向银行办理收汇手续。比过去从内地发货，到达港口装船后才可取得单据收汇要早
6	合理运输	货主向联运经营人（承运人）托运，可利用他们经过选择和多次试验建立起来的联运路线，组织合理运输，缩短运输里程和运送时间，降低运输成本

♡【知识加油站】

空派和海派的优势

空派：属于DDP[①]服务，包清关包税的，收货人只需要等待收货就行，对于想省心的，或者在收货人没有进口权限，没有清关能力的情况下是非常有优势的。

这种运输方式时效较四大快递（DHL、FedEx、UPS和TNT）稍慢些，从中国到欧美国家一般头程在5天左右，后端派送为3天左右，总时效在10天左右可以收到货物。由于成本较低，也能享受国际快递的服务，所以这也是不错的选择。

这个物流模式有什么限制呢？就目前的市场来说，其要求每件货物质量为10~30kg，并且一般只收纸箱货。这对于有些机器设备类的，或者重货类的来说，还是有些限制的。

海派：也属于DDP服务，同样是包清关包税的，与空派唯一的区别是头程用海运，一般是直航，在海上漂的时间比较短，从发货到收货的总时效一般为一个月左右，成本比纯海运略高，但因其时效较短，而且是包税送到门的，也就可以接受了。虽然是海运，也存在与空派一样的局限性，一定要用纸箱装载货物，每箱货物要求质量为10~30kg，当然，不同的服务商会有些许差异。

综上所述，空派和海派的优势为双清包税到门，时效保证，特别是在旺季的时候，就算发快递也要半个月才能收到货的情况下，采用空派或者海派还是有一些优势的。

---

① DDP，Delivered Duty Paid，是指完税后交货，也称双清包税到门。

四、国际多式联运分类

1. 按国际多式联运运输形式分类

(1) 海陆联运。

海陆联运是国际多式联运的主要组织形式,也是远东/欧洲多式联运的主要组织形式之一。

目前,该组织中经营远东/欧洲海陆联运业务的主要有班轮公会的三联集团、北荷、冠航和丹麦的马士基等国际航运公司,以及非班轮公会的中国远洋运输公司、中国台湾地区长荣航运公司和德国那亚航运公司等。

这种组织形式以航运公司为主体,签发联运提单,与航线两端的内陆运输部门合作开展联运业务,与大陆桥运输展开竞争。

(2) 陆桥运输。

陆桥运输是指采用集装箱专用列车或卡车,把横贯大陆的铁路或公路作为中间"桥梁",将大陆两端的集装箱海运航线与专用列车或卡车连接起来的一种连贯运输方式。严格来讲,陆桥运输也是一种海陆联运类型。只是因为其在国际多式联运中拥有独特地位,故在此将其单独作为一种运输组织形式(表6-2)列出。

陆桥运输的表现形式有:①通过大陆两端连接海运的大陆桥运;②海陆、陆海联运的小陆桥运输;③直接进行水陆联运的微桥运输。

表6-2 陆桥运输类型

形式	内涵	特点
大陆桥运输	使用横贯大陆的铁路(公路)运输系统,作为中间桥梁,把大陆两端海洋连起来的集装箱连贯运输方式。 目前,大陆桥运输的主要线路有: • 西伯利亚大陆桥 • 北美大陆桥 • 新亚欧大陆桥	运费低廉、运输时间短、货损货差率小、手续简便等,大陆桥运输是一种经济、高效的现代化的运输方式
小陆桥运输	比大陆桥的海—陆—海运输缩短一段海上运输,成为陆—海,或海—陆联运方式的运输。 目前,小陆桥运输链的主要路线有四条: • 欧洲—美国东海岸转内地(或反向运输) • 欧洲—美国海湾地区转内地(或反向运输) • 远东—美国西海岸转内地(或反向运输) • 大洋洲—美国西海岸转内地(或反向运输)	能避免绕道运输并节省运输费用,缩短运输时间,还可享受铁路集装箱直达列车的运价优惠,从而降低了成本

续表

形式	内涵	特点
微型陆桥运输	利用大陆桥的一部分，而不通过整条陆桥，是比小陆桥更短的一种海陆运输方式，又称为半陆桥运输。微型陆桥运输与小陆桥运输基本相似，只是其交货地点在内陆地区	美国微型陆桥运输是指从日本或远东至美国中西部地区的货运类型，由日本或远东地区运至太平洋港口后，再换装铁路或公路续运至美国中西部地区。 在美国，微桥运输又称内陆公共点多式联运，即内陆公共点多式联运，属于集装箱货物可运抵美国内陆主要城市的完整的多式联运

（3）海空联运。

海空联运又被称为空桥运输。在运输组织方式上，空桥运输与陆桥运输有所不同：陆桥运输在整个货运过程中使用的是同一个集装箱，不用换装，而使用空桥运输方式运输的货物通常要在航空港换为航空集装箱。

其运输时间比全程海运少，运输费用比全程空运低。

这种联运组织形式是以海运为主，只是最终交货运输区段由空运承担。

2. 按国际多式联运组织形式分类

（1）协作式多式联运。

衔接式多式联运是指由一个多式联运企业综合组织两种或两种以上运输方式的运输企业，将货物从接管地点运到指定交付地点的运输方式。

（2）衔接式多式联运。

协作式多式联运是指两种或两种以上运输方式的运输企业，按照统一的规章或商定的协议，共同将货物从接管地点运到指定交付地点的运输方式。

五、国际多式联运运输的流程

（1）接受托运申请，订立多式联运合同。

（2）空箱的发放、提取及运送。

（3）出口报关。

（4）货物装箱及接收货物。

（5）订舱及安排货物运送。

（6）办理保险。

（7）签发多式联运提单，组织完成货物的全程运输。

（8）处理运输过程中的海关业务。

(9) 支付货款。

(10) 货运事故处理。

任务实施

步骤一：分析案例，回顾案情

详见任务1的任务描述，此处不再赘述。

步骤二：厘清关系（图6-1）

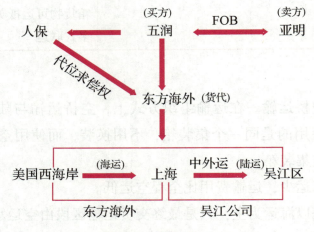

图6-1 厘清关系

步骤三：剖析问题

(1) 买方五润公司应向谁索赔？为什么？

五润公司向人保吴江公司投保一切险，双方达成的保险合同依法成立有效，货损属于货物运输保险单下的保险事故范畴，保险公司对涉案货损进行赔付符合情理与法律规定，故买方应向人保吴江公司索赔。

(2) 原告东方海外公司是否应该承担责任？为什么？

原告应当承担赔偿保险公司的责任，但并非最终责任承担者。

全程运输方式属于国际多式联运。原告是多式联运的全程承运人（经营人），其与被告之间订立的合同是有效成立的。涉案两个集装箱货物的损坏发生在上海至吴江区的陆运区段，故被告应对货物在其责任期间内的损失负赔偿责任。

原告作为多式联运全程承运人，对保险公司承担赔偿责任后，有权就其所受的损失向作为陆路运输承运人的被告追偿。

(3) 被告中外运江苏公司是否应该承担责任？为什么？

被告应该承担责任。

本案例中的集装箱在卸下船时状况良好，在陆运出场时也完好无损，而到目的地进场时出现破损，那么自然可以推定集装箱及箱内货物的损坏发生在陆路运输阶段。

在运输过程中，法律规定对承运人责任的归责使用的是过错推定责任原则，即只要货物在该运输途中发生了损坏,若没有相反的证据,就推定承运人存在过错,必须对其过错行为负责。当多式联运经营人对收货人赔付后,向发生货损区段的承运人追偿于法不悖,因此,中外运应当负赔偿责任。

【想一想】

我国开展国际多式联运存在哪些问题?请展开小组讨论。

任务评价

任务评价见表6-3。

表6-3 任务评价

被评考人		考评任务:认识国际多式联运			
考评步骤	考评内容及分值	自我评价(30%)	小组评议(40%)	教师评价(30%)	合计得分(100%)
步骤一	认识国际多式联运的概念及特点(35分)				
步骤二	了解国际多式联运的种类(35分)				
步骤三	说明国际多式联运流程(30分)				
综合评定					
考评标准	资料准备	知识掌握	语言表达	团队合作	沟通能力	合计得分
分值	20	30	20	15	15	
注:任务总评得分=考评步骤(70%)+综合评定(30%)			任务总评得分		

任务2 操作国际多式联运

任务介绍

通过本任务的学习和训练,学生可以充分了解国际多式联运经营人,熟悉国际多式联运经营人的相关责任;重点熟悉国际多式联运的相关单据;具有提升战略眼光、开拓视野的动力,培养坚韧不拔、甘于奉献的精神。

操作国际多式联运

任务描述

随着对国际多式联运定义以及对其简单流程的深入学习，大家一起分组思考一下，想要经营国际多式联运的具体操作与要求都有哪些呢？让我们继续一起学习国际多式联运的更多内容吧。

想一想：

"党的二十大对进一步加快发展方式绿色转型，推动交通运输结构调整优化，作出了部署、指明了方向。"交通运输部运输服务司副司长韩敬华介绍，下一步，交通运输部将坚决贯彻落实党的二十大精神，坚持"标本兼治、综合施策，政策引导、市场驱动，重点突破、系统推进"的原则，以发展多式联运为突破口，加快提升基础设施联通水平，促进运输组织模式创新，推进运输服务规则衔接，积极发展多式联运"一单制"，充分发挥各种运输方式的比较优势和组合效率，不断推动运输结构调整工作取得新成效。

请根据上述资料谈一谈多式联运的发展历程。

知识链接

一、国际多式联运经营人

国际多式联运经营人既不是发货人的代理或代表，也不是承运人的代理或代表，其是一个独立的法律实体，具有双重身份，对货主来说，其是承运人；对实际承运人来说，其又是托运人。其一方面与货主签订多式联运合同；另一方面又与实际承运人签订运输合同，其是总承运人，对全程运输负责，对货物灭失、损坏、延迟交付等均承担责任。

1. 国际多式联运经营人应具备的条件

（1）有国内外多式联运经营的网络。

（2）要在国内外建立集装箱场站。

（3）要建立计算机管理系统。

（4）要建立一支专业队伍。

（5）要有雄厚的资金。

2. 成为"多式联运经营人"的条件

（1）各运输段的实际承运人——承运人型的多式联运经营人：拥有或掌握一种或一种以上的运输工具。

（2）无船承运人——无船承运人型的多式联运经营人：不拥有任何运输工具。

3. 国际多式联运经营人的责任期间

国际多式联运经营人的责任期间是从接收货物之时起到交付货物之时为止。在此期间，对货主负全程运输责任，但对负责范围和赔偿限额方面，根据目前国际上的做法，可分为以下三种类型：

（1）统一责任制。

在统一责任制下，多式联运经营人对货主负不分区段的统一责任。即无论货物的灭失或损失，包括隐蔽损失（即损失发生的区段不明），不论发生在哪个区段，多式联运经营人均按统一原则负责，并一律按约定的限额赔偿。

（2）分段责任制。

分段责任制，也称网状责任制，是指多式联运经营人对货主承担的全部责任局限在各个运输部门规定的责任范围内。当某些区段上不适用上述公约时，则按相关国家的国内法处理。

（3）修正（双重）统一责任制。

修正（双重）统一责任制，是介于上述统一责任制和分段责任制之间的一种责任制，故又称混合责任制，也就是在责任范围方面与统一责任制相同，在赔偿限额方面与部分责任制相同。

二、国际多式联运与一般国际货物运输的主要区别

1. 货物单证的内容与制作方法不同

国际多式联运大都为"门到门"运输，即在货物装船（或装车，装机）后，应同时由实际承运人签发提单或运单，由多式联运经营人签发多式联运提单。这是多式联运与任何一种单一的国际货运方式的根本不同之处。在此情况下，海运提单或运单的发货人应为多式联运经营人，而收货人及通知方一般应为多式联运经营人的国外分支机构或其代理；多式联运提单上的收货人和发货人则是真正的、实际的收货人和发货人；通知方则是目的港或最终交货地点的收货人或该收货人的代理人。

2. 多式联运提单的适用性与可转让性与一般海运提单不同

一般海运提单只适用于海运，从这个意义上说，多式联运提单只有在海运与其他运输方式结合时才适用。多式联运提单把海运提单的可转让性与其他运输方式下的运单不可转让性结合在了一起。因此，多式联运经营人根据托运人的要求，既可签发可转让的，也可签发不可转让的多式联运提单。如属前者，收货人一栏应采用指示抬头；如属后者，收货人一栏应具体列明收货人名称，并在提单上注明"不可转让"字样。

3. 信用证上的条款不同

根据多式联运的需要，信用证上的条款应有以下三点变动。

（1）向银行议付时不能使用航运公司签发的已装船清洁提单，而应凭多式联运经营人签发的多式联运提单，还应注明该提单的抬头如何制作，从而明确可否转让。

（2）多式联运一般采用集装箱运输（特殊情况除外），因此，应在信用证上增加指定采用集装箱运输的条款。

（3）若不由银行转单，为方便收货人或代理人能尽早取得货运单证，加快在目的港（地）提货的速度，则应在信用证上加列"装船单据由发货人或由多式联运经营人直寄收货人或其代理"条款。若由多式联运经营人寄单，发货人出于议付结汇的需要，应让多式联运经营人出具一份"收到货运单据已寄出"的证明。

4. 海关验放的手续不同

国际货物运输交货地点大都在装货港，目的地大多在卸货港，因此办理报关和通关手续都是在货物进出境的港口。而国际多式联运货物的起运地大都在内陆城市。因此，内陆海关只对货物办理转关监管手续，由出境地的海关进行查验放行。进口货物的最终目的地若为内陆城市，进境港口的海关一般不进行查验，只办理转关监管手续，待货物到达最终目的地时，再由当地海关查验放行。

三、国际多式联运运费计收

按成本定价原则，多式联运单–运费＝运输总成本＋经营管理费＋利润。

1. 运输总成本

由于运输成本会因交货条件和运输路线不同而有所不同，主要应包括以下三种情况的费用。

（1）国内段费用，如空箱、重箱运费、装卸车费、内陆铁路或内河运输费、装挂箱费、堆场费、保管费、港务费及报关手续费等。

（2）国际海上段，或国际铁路段，或国际空运段的运费，以及在国外港站的中转费用等。

（3）国外段费用，与国内段费用大体上相同，但要加上国外代理的交接手续费和过境费用等。

2. 经营管理费

经营管理费主要应包括多式联运经营人与货主、各派出机构、代理人、实际承运人之间的信息、单证的传递费用、通信费用、单证成本和制单手续费，以及各派出机构的管理费用。另外，这部分费用也可分别加到不同区段的运输成本中一并计算。

3. 利润

利润是指多式联运经营人预期从该线路货物联运中获得的毛利润，一般可通过运输总成本和经营管理费两项费用之和乘以一个适当的百分比（如10%等）确定。确定利润时要先进行充分的调查研究，必须视运输市场运价水平与自己的竞争能力和线路中存在的竞争情况而定。

项目6 了解国际多式联运

任务实施

步骤一：了解国际多式联运提单内容（图6-2）

图6-2 国际多式联运提单

步骤二：阅读已知信用证（图6-3）

SENDER		HSBC BANK, CHICAGO, IL, USA
RECEIVER		HANGZHOU CITY COMMERCIAL BANK, HANGZHOU, CHINA
FORM OF DOC. CREDIT	:40A:	IRREVOCABLE
DOC. CREDIT NUMBER	:20:	KKK118888
DATE OF ISSUE	:31C:	20211116
APPLICABLE RULES	:40E:	UCP LATEST VERSION
DATE AND PLACE OF EXPIRY.	:31D:	DATE 120201 PLACE IN CHINA
APPLICANT	:50:	MOON CORPORATION. 5 KING ROAD, CHICAGO, IL, USA
BENEFICIARY	:59:	HANGZHOU YUANJING TRADING CO., LTD. 1018 WENSAN SREET, HANGZHOU, P.R. CHINA
AMOUNT	:32B:	CURRENCY USD AMOUNT 53500.00
PERCENTAGE CREDIT AMOUNT TOLERANCE	:39A:	05/05
AVAILABLE WITH/BY	:41D:	ANY BANK IN CHINA, BY NEGOTIATION
DRAFTS AT ...	:42C:	60 DAYS AFTER SIGHT
DRAWEE	:42A:	HSBC BANK, NEW YORK
PARTIAL SHIPMTS	:43P:	PROHIBITED
TRANSSHIPMENT	:43T:	ALLOWED
PORT OF LOADING/ AIRPORT OF DEPARTURE	:44E:	SHANGHAI, CHINA
PORT OF DISCHARGE	:44F:	LONG BREACH, USA
LATEST DATE OF SHIPMENT	:44C:	20220116
DESCRIPTION OF GOODS AND/OR SERVICES.	:45A:	5000PCS BOYS JACKET, SHELL：WOVEN TWILL 100% COTTON, LINING：WOVEN 100% POLYESTER, STYLE NO. BJ123, ORDER NO. 8898, USD10.70/PC CIF CHICAGO, PACKED IN 20PCS/CTN
DOCUMENTS REQUIRED	:46A:	+ FULL SET (3/3) OF CLEAN 'ON BOARD' OCEAN BILLS OF LADING MADE OUT TO ORDER MARKED FREIGHT PREPAID AND NOTIFY APPLICANT.
ADDITIONAL CONDITION	:47A:	+THE NUMBER AND THE DATE OF THIS CREDIT AND THE NAME OF ISSUING BANK MUST BE QUOTED ON ALL DOCUMENTS.

图6-3 信用证

项目6 了解国际多式联运

补充信息

（1）PACKING：每件装一塑料袋，每个纸箱装20件，单色单码。实际发货5 200件，装260 CTNS，每个纸箱毛重10kg，净重9kg。

（2）SIZE OF CARTON：58CM×40CM×40CM

（3）INVOICE NO：YJ20112068　　INVOICE DATE：DEC. 24, 2021

（4）SHIPPING MARKS：MOON
　　　　　　　　　　　　LONG BREACH
　　　　　　　　　　　　1-UP

（5）B/L No.：COSUSHA003189

（6）VESSEL NAME AND VOYAGE NO.：　　TIANSHUN　　V. 138

（7）CN：TEXU3605231　　SN：2128111

（8）货物装船时间：20220103　　　提单签发时间：20220104

（9）SHIPPED IN 1×20'FCL

（10）杭州远景贸易有限公司委托杭州双马货代有限公司办理货物出口的报关、运输等事宜；双马货代向中远集装箱运输公司订舱；货物到达美国长滩后经由Inland转运到Chicago。

步骤三：缮制多式联运提单（图6-4）

1. Shipper Insert Name, Address and Phone	B/L No.
	中远集装箱运输有限公司 COSCO CONTAINER LINES TLX：33057 COSCO CN FAX：+86（021）6545 8984
2. Consignee Insert Name, Address and Phone	
3. Notify Party Insert Name, Address and Phone （It is agreed that no responsibility shall attach to the Carrier or his agents for failure to notify）	Port-to-Port or Combined Transport **BILL OF LADING** RECEIVED in external apparent good order and condition except as otherWise noted. The total number of packages or unites stuffed in the container, The description of the goods and the weights shown in this Bill of Lading are furnished by the Merchants, and which the carrier has no reasonable means of checking and is not a part of this Bill of Lading contract. The carrier has issued the number of Bills of Lading stated below, all of this tenor and date, one of the original Bills of Lading must be surrendered and endorsed or signed against the delivery of the shipment and where upon any other original Bills of Lading shall be void. The Merchants agree to be bound by the terms and conditions of this Bill of Lading as if each had personally signed this Bill of Lading. SEE clause 4 on the back of this Bill of Lading（Terms continued on the back Hereof, please read carefully）. ＊Applicable Only When Document Used as a Combined Transport Bill of Lading.

图6-4　多式联运提单

4. Combined Transport *	5. Combined Transport *				
Pre – carriage by	Place of Receipt				
6. Ocean Vessel Voy. No.	7. Port of Loading				
8. Port of Discharge	9. Combined Transport *				
	Place of Delivery				
Marks & Nos. Container / Seal No.	No. of Containers or Packages	Description of Goods (If Dangerous Goods, See Clause 20)		Gross Weight Kgs	Measurement
	L				
		Description of Contents for Shipper's Use Only (Not part of This B/L Contract)			

10. Total Number of containers and/or packages (in words)

Subject to Clause 7 Limitation					
11. Freight & Charges	Revenue Tons	Rate	Per	Prepaid	Collect
Declared Value Charge					
Ex. Rate:	Prepaid at		Payable at	Place and date of issue	
	Total Prepaid		No. of Original B(s)/L	Signed for the Carrier,	

LADEN ON BOARD THE VESSEL

DATE		BY	

图 6-4　多式联运提单（续）

项目 6　了解国际多式联运

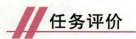

任务评价见表 6-4。

表 6-4　任务评价

被评考人			考评任务：操作国际多式联运			
考评步骤	考评内容及分值		自我评价（30%）	小组评议（40%）	教师评价（30%）	合计得分（100%）
步骤一	认识国际多式联运经营人的责任（40 分）					
步骤二	了解国际多式联运运单内容（30 分）					
步骤三	清楚国际多式联运的运费构成（30 分）					
综合评定						
考评标准	资料准备	知识掌握	语言表达	团队合作	沟通能力	合计得分
分值	20	30	20	15	15	
注：任务总评得分=考评步骤（70%）+综合评定（30%）				任务总评得分		

181

项目 7

了解特种货物运输

项目简介

本项目旨在让学生了解特种货物运输工具、运输设备、运输场站的特点和作用，以及对从业者的要求。熟悉危险货物的主要特性，能合理选择运输工具和设备，组织危险货物运输。掌握超限货物的特点，能制定大件货物运输方案，合理组织超限货物运输。掌握鲜活货物的特点，了解不同货物的承运条件，合理组织鲜活货物运输。

学习目标

知识目标：

- 了解特种货物的运输工具和设备；
- 掌握货运场站的特点和作用。

能力目标：

- 能够为特种货物合理选择运输工具和设备；
- 能够组织和安排危险货物运输相关事宜；
- 能够制定大件货物运输方案。

素养目标：

- 通过对危险货物运输的了解提高安全防范意识；
- 通过学习特种货物的运输的方法培养严谨、细致的工作态度；
- 具有高度的责任感、使命感和企业荣誉感。

项目 7　了解特种货物运输

任务 1　组织特种货物运输

▋任务介绍

通过本任务的学习和训练，学生可以掌握特种货物运输组织的基本概念和特点；熟悉特种货物运输的基本流程；培养安全意识，不断提升责任感和使命感。

组织特种货物运输

▋任务描述

农历八月十五，小韩家收到了亲戚送的阳澄湖大闸蟹，小韩非常高兴，他觉得自己家在北京，却能吃到这么好吃的江苏省特产真是太幸福了。他也想给北京的亲朋好友送一点尝尝鲜，请问，如果小韩的需求量较大，该怎么运输呢？

▋知识链接

一、鲜活易腐货物运输组织

1. 鲜活易腐运输货物的特点

鲜活易腐运输货物是指在运输过程中，需要采取制冷措施，以防止其死亡和腐烂、变质的货物，或托运人认为应按冷藏运输条件办理运输的货物。

道路常运的鲜活易腐货物主要有活蟹（图 7-1）、鲜肉、瓜果、蔬菜、牲畜、观赏野生动物、花木秧苗、冷冻食品等。

图 7-1　活蟹运输

冷藏运输（图 7-2）的优点是能保持食物原有的品质，包括色、香、味和维生素等；有

183

更快的运输速度。

（1）易腐货物和活动物（按自然属性分）

1）易腐货物包括肉、鱼、奶、鲜水果、鲜蔬菜、冰、鲜活植物。

2）活动物包括禽、畜、兽、蜜蜂、活鱼和鱼苗等。

（2）冷冻货和低温货（按冷藏运输时温度要求分）

图 7-2　冷藏运输

1）冷冻货，是指货物在冻结状态下进行运输的货物，运输温度的范围一般是 $-20 \sim -10$ ℃。

2）低温货，是指货物在还未冻结或货物表面有一层薄薄的冻结层的状态下进行运输的货物，一般允许的温度范围是 $-16 \sim 1$ ℃。

3）鲜活易腐货物的温度要求见表 7-1。

表 7-1　鲜活易腐货物的温度要求

货物名称	运输温度/℃	货物名称	运输温度/℃
鱼	$-17.8 \sim -15.0$	虾	$-17.8 \sim -15.0$
肉	$-15.0 \sim -13.3$	浓缩果汁	-20
蛋	$-15.0 \sim -13.3$	葡萄	$+6.0 \sim +8.0$
腊肠	$-5 \sim -1$	菠萝	$+11.0$ 以内
黄油	$-0.6 \sim +0.6$	橘子	$+2.0 \sim +10.0$
带壳鸡蛋	$-1.7 \sim +15.0$	柚子	$+8.0 \sim +15.0$
苹果	$-1.1 \sim +16.0$	红葱	$-1.0 \sim +15.0$
白兰瓜	$+1.1 \sim +2.2$	土豆	$+3.3 \sim +15.0$
梨	$+0.0 \sim +5.0$	—	—

2. 鲜活易腐货物运输组织管理

（1）鲜活易腐货物运输组织需要注意的事项。

1）注意运输时限。

2）做好装车工作。

3）要合理配载。

4）要及时运输。

5）要认真负责。

(2) 特殊物品运输堆码。

1) 冻结商品的运输：紧密堆码法。

2) 夹冰鱼的运输：鱼、冰紧密堆码法。

3) 水果、蔬菜的运输：留有间隙法。

4) 生猪的运输：注意途中照料、双层三层装载法。

二、危险货物运输组织

1. 危险货物的概念

危险货物是指具有爆炸、易燃、毒害、腐蚀、放射性等性质，因容易造成人身伤亡和财产损毁而在运输、装卸和储存保管过程中需要特别防护的货物。《国际海运危险货物规则》按危险类型将危险货物分为九类，如图7-3所示。

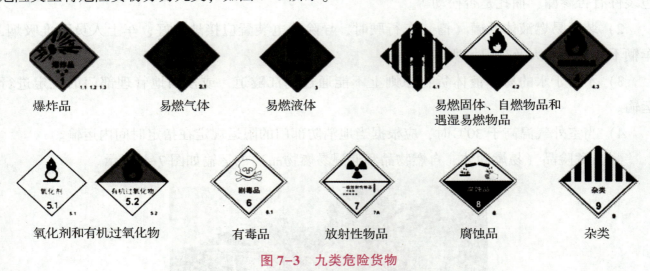

图7-3 九类危险货物

2. 危险货物运输的特点

（1）品类多，性质各不相同。

（2）危险性大。

（3）运输管理方面的相关规章制度多。

（4）专业性强。

3. 常见危险货物的运输

（1）爆炸品的运输。

爆炸品是指化学性质活泼，对机械力、电热等很敏感，在受热、撞击等外界作用下能发生剧烈化学反应，瞬时产生大量气体和热量，使周围压力急剧上升，发生爆炸，对周围环境造成破坏的物品。爆炸品也包括有燃烧、抛射及较小爆炸危险但无整体爆炸危险，或仅产生热、光、音响或烟雾等一种或几种作用的烟火物品。

（2）易燃气体的运输。

易燃气体是将常温常压条件下的气体物质，经压缩或降温加压后，储存于耐压容器、特制的高强度耐压容器或装有特殊溶剂的耐压容器中的气体。常见的易燃气体有氧气、氢气、乙炔、液化石油气、氯气等。

（3）易燃液体的运输。

易燃液体是指易燃的液体、液体混合物或含有固体物质（如粉末沉积或悬浮物等）的液体，但不包括因其危险性已列入其他类别危险货物的液体，如乙醇、苯、乙醚、二硫化碳、油漆类以及石油制品和含有机溶剂制品等，其主要危险是燃烧和爆炸。

对于易燃液体运输的安全要求。

1）装运易燃液体的车辆，严禁搭乘无关人员，途中应经常检查车上货物的装载情况，如包装件有否渗漏、捆扎是否松动等。

2）装运易燃液体的罐（槽）车行驶时，导除静电装置应接地良好，车上人员不准吸烟，车辆不得接近明火及高温场所。

3）不溶于水的易燃液体货物原则上不能通过越江隧道，或按当地管理部门的规定进行运输。

4）当室外气温高于30℃时，应根据当地消防部门的限运规定在指定时间内运输。

（4）危险品（易燃固体、自燃物品和遇湿易燃物品）的运输如图7-4所示。

图7-4 危险品的运输

易燃固体是指对热、撞击、摩擦敏感，且燃点低，易被外部火源点燃，燃烧迅速，并可能散发出有毒烟雾或有毒气体的固体货物，如赤磷和磷的硫化物、硫黄、硝化纤维塑料等。

自燃物品是指自燃点低，在空气中易发生氧化反应、放出热量而自行燃烧的物品，如黄磷和油浸过的麻、棉、纸及其制品等。

遇湿易燃物品是指遇潮或遇水时，发生剧烈化学反应，释放出大量热量和易燃气体的物品，有些不遇明火也能燃烧或爆炸，如钠、钾、电石（碳化钙）等。

对于易燃固体、自燃物品和遇湿易燃物品运输的安全要求。

1）行车时，要避开明火高温区域场所，防止外来明火飞到货物上。

2）定时停车检查货物的堆码、捆扎和包装情况，尤其要注意防止由于包装渗漏而留下隐患。

（5）氧化剂和有机过氧化物的运输。

1）氧化剂是指处于高氧化态，具有强氧化性，易分解并放出氧和热量的物质，包括含过氧基的无机物。

2）有机过氧化物指分子组成中含有过氧基的有机物，其本身易爆易燃、极易分解，对摩擦、热、振动极为敏感。

（6）有毒品的运输。

有毒品包括毒害品和感染性物品。

1）毒害品是指进入肌体后，累积达一定的量，能与体液和组织发生化学反应或物理变化，扰乱或破坏肌体的正常生理功能，引起暂时性或持久性的病理状态，甚至危及生命的物品。

2）感染性物品是指含有致病的微生物，能引起人或动物生命甚至死亡的物品。

（7）放射性物品的运输。

放射性物品是指含有放射性核素，并且活度和比活度均高于国家规定的豁免值的物品，其有块状固体、粉末、晶粒、液态、气态等各种物理形态。

（8）腐蚀品的运输。

腐蚀品是指凡接触人体或其他货物，在短时间内便会在被接触表面发生化学反应或电化学反应，从而出现明显破损现象的货物，如图7-5所示。

图7-5 腐蚀品运输车

对于腐蚀品运输的安全要求。

1）驾驶员要平稳驾驶车辆，当由于路面条件差、颠簸幅度大而不能确保易碎品完好时，

不得冒险驾驶载有易碎容器包装的腐蚀品的车辆通过。

2) 每隔一段时间,要停车检查货物情况,发现包装破漏时要及时进行妥善处理或丢弃,防止漏出物损坏其他货物,酿成重大事故。

● 【想一想】
你认为哪些货物属于特殊货物,需要进行特殊运输?

任务实施

步骤一：分析大闸蟹运输的要求

由于大闸蟹是水生生物,用鳃呼吸,在陆地上不易存活,因此其在运输过程中能存活的时间与自身的品质和运输环境相关。若大闸蟹的品质较好,在运输过程中能够保持湿润状态,有比较合适的生存环境,一般可以存活3~5天。

大闸蟹运输不仅对物流企业的冷链水平有较高要求,更是一场"时间就是生命"的时效竞赛。金秋十月,正是吃大闸蟹最适合的季节,每当这时,以"时效物流"著称的跨越速运凭借其"以车代场""动态路由""全程温控""优先派送"等优势,为大闸蟹上演"速度与激情",成为炙手可热的定制专业保鲜运输方案。

步骤二：分析当前市场上大闸蟹的运输方式

中国铁路在运输方面有明确的规定,除导盲犬以外的一切活动物是不能随身携带的,因此,大闸蟹不能随身携带上高铁。

乘坐飞机同样不允许乘客随身携带大闸蟹,乘客需要办理托运手续,包装需要符合航空运输的规定,单个包装重量不能超过50kg,外包装的长、宽、高上限分别是100cm、60cm、40cm。

如果确实需要运输,可以选择发送快递,可在产地的发货点直接办理,一般走直接的冷链运输,不仅能保证速度,还可保鲜。

步骤三：分析大闸蟹的冷链措施

大闸蟹运输对温度要求极高,适宜温度为2~8℃,且温差尽可能在3℃以内。要选择成熟的冷链物流对其进行运输,这样才能将温度控制好。

冷链是一个完整的系统,冷链公司应根据运输方案的差异化,在临时点和大客户处,放置移动冷柜,还要配备装有进口冷机的各类冷藏车,从而通过多种温区冷媒(冷藏、冷冻、深冷)来满足不同客户产品的不同温控要求,让运输更"智"冷。同时,冷链公司还可以还投入先进的便携式温度监控设备,从而实现24小时温度可视,进一步确保将鲜活的大闸蟹送至客户家。

项目7 了解特种货物运输

步骤四：帮助小韩解决问题

如果只运输少量大闸蟹，小韩可以直接联系快递公司，前提是要做好大闸蟹的包装工作，找冷链经验丰富的快递公司比较稳妥。

由于小韩的货量较大，现在就应该联系专门做冷链物流的公司送货了。大闸蟹产地周边通常有丰富的冷链运送资源，直接由卖方协助联系即可。

步骤五：学生讲解，教师点评

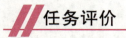

任务评价

任务评价见表7-2。

表7-2 任务评价

被评考人			考评任务：组织特种货物运输			
考评步骤	考评内容及分值		自我评价（30%）	小组评议（40%）	教师评价（30%）	合计得分（100%）
步骤一	认识运输货物的特殊性（25分）					
步骤二	了解特殊货物的运输方式（25分）					
步骤三	清楚特殊货物运输的安全要求（50分）					
综合评定						
考评标准	资料准备	知识掌握	语言表达	团队合作	沟通能力	合计得分
分值	20	30	20	15	15	
注：任务总评得分＝考评步骤（70%）+综合评定（30%）				任务总评得分		

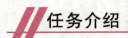

任务2 操作集装箱货物运输

集装箱箱量计算

任务介绍

通过本任务的学习和训练，学生可以掌握集装箱货物运输种类，熟悉集装箱运输型号，了解集装箱运输的特点，掌握集装箱的交接方式和交接地点等。集装箱业务是当前的国际相关业务中应用得最为广泛的形式，从业者应具有精湛的专业知识，对集装箱货物有深入的了解；培养爱岗敬业、勇于奉献的精神；针对进出口的集装箱货物，要有风险防范意识和大国情怀。

任务描述

2022年5月11日，广东顺通物流有限公司上海分公司接到上海安迪服装有限公司（以下简称"安迪公司"）通知，要求其代为办理出口运输业务。经了解，2022年5月11日，安迪公司与韩国釜山的客户签订了女士衬衫的外贸出口合同，贸易方式为CIF Tokyo，使用信用证方式结算。货物总数量为20 000件，用纸箱包装，每10件货物装一箱，每箱的规格为45cm（长）×45cm（宽）×58cm（高），每箱毛重10kg。

为节省运费，广东顺通物流有限公司上海分公司优先选择海运出口方式。请讨论如何为该票货物选择合适的集装箱。

知识链接

一、集装箱的概念和种类

1. 集装箱的概念

集装箱（Container）是一种专供周转使用并便于机械操作和运输的大型货物容器。

国际标准化组织（International Organization for Standardization，ISO）从装卸、堆放和运输过程中的安全需要的角度给集装箱下了定义，并在定义中提出了集装箱作为一种运输设备应具备的五个基本条件。

（1）具有足够的强度，能长期反复使用。

（2）在转运途中，不用移动容器内的货物，可直接换装。

（3）可以进行快速装卸，并能从一种运输工具直接而方便地换装到另一种运输工具上。

（4）便于货物的装满和卸空。

（5）每个容器具有1m³或以上的容积。

集装箱运输（图7-6）一般指将多种多样的杂货集装于具有统一外包装（长、宽、高）规格的箱体内进行运输，可实现"门到门"的联合运输，是一种物质装备基础较强、技术较先进的现代化运输方式。

图7-6　集装箱运输

2. 集装箱箱型标准化

集装箱标准化是指为了使作为共同运输单元的集装箱，在海运、陆运、空运中具有通用性和互换性，可以提高集装箱运输的安全性和经济性，为集装箱的运输工具、装卸设备的选型、设计和制造提供依据，使集装箱运输成为相互衔接配套、专业化、高效率的运输系统，而为集装箱的各种技术条件，如规格、结构、试验方法等建立标准并执行的状态。

由于使用范围不同，集装箱标准有国际标准、国家标准、地区标准和公司标准之分，其规格见表7-3。

表7-3 常见的集装箱规格

规格	长×宽×高/(m×m×m)	配货毛重/t	体积/m³
20GP	内：5.898×2.352×2.385	17.5	33.1
	外：6.058×2.438×2.591		
40GP	内：12.032×2.352×2.385	22	67.5
	外：12.192×2.438×2.591		
40HQ（高柜）	内：12.032×2.352×2.69	22	76.2
	外：12.192×2.438×2.896		
45HQ（高柜）	内：13.556×2.352×2.698	29	86
	外：13.716×2.438×2.896		
20 OT（开顶柜）	内：5.898×2.352×2.342	20	32.5
	外：6.058×2.438×2.591		
40 OT（开顶柜）	内：12.034×2.352×2.330	30.5	65.9
	外：12.192×2.438×2.591		
20FR（脚架式折叠平板）	内：5.650×2.030×2.073	22	24
	外：6.058×2.438×2.591		
20FR（板框式折叠平板）	内：5.638×2.228×2.233	22	28
	外：6.058×2.438×2.591		
40FR（脚架式折叠平板）	内：11.784×2.030×1.943	39	46.5
	外：12.192×2.438×2.591		
40FR（板架式折叠平板）	内：11.776×2.228×1.955	36	51
	外：12.192×2.438×2.591		
20Refrigerated（冷冻柜）	内：5.480×2.286×2.235	17	28
	外：6.058×2.438×2.591		

续表

规格	长×宽×高/(m×m×m)	配货毛重/t	体积/m³
40Refrigerated（冷冻柜）	内：11.585×2.29×2.544	22	67.5
	外：12.192×2.438×2.896		
20ISO TANK（罐式集装箱）	外：6.058×2.438×2.591	26	24
40挂衣柜	内：12.03×2.35×2.69	40	76
	外：12.19×2.44×2.90		

3. 集装箱的种类

（1）根据集装箱的不同用途划分。

按用途，集装箱主要可分为下列几种。

1）干货集装箱（Dry Cargo Container），又称杂货集装箱或通用集装箱（图7-7），是指适用于装载不需要调节温度的件杂货（又名件杂货物，是指可以以件计量的货物）的集装箱，使用范围很广。

图 7-7 干货集装箱

2）保温集装箱（Keep Constant Temperature Container），是指专门装载需要冷藏或保温货物的集装箱（图7-8），如新鲜水果、肉类、鱼类等。其又可细分为箱内附有冷冻机的冷藏集装箱、具有充分隔热结构的隔热集装箱和在箱壁上设有通风口的通风集装箱等。

图 7-8 保温集装箱

3）散货集装箱（Dry Bulk Container），是指用来装载谷物、豆类、种子、化肥等各种散装的颗粒或粉末状货物的集装箱（图 7-9）。这类集装箱顶部的装货口上安装了水密性良好的箱盖，以防箱内货物因箱外的雨水、海水渗入而产生湿损。

图 7-9 散货集装箱

4）框架集装箱（Flat Rack Container），是指用来装载不适于装在干货集装箱内的重型机械、钢管、钢材等长大笨重货物的集装箱（图 7-10）。

图 7-10 框架集装箱

5）平台集装箱（Platform Container），是指比框架集装箱还要简单，仅保留箱底的一种具有特殊结构的集装箱（图7-11）。当需要运输一些超长、超重货物，而它们的尺寸和重量又超过了一个集装箱的承载能力时，就可以把两个这样的集装箱（也就是平台）连接起来使用。

图7-11　平台集装箱

6）罐式集装箱（Tank Container），是指适于装载酒类、油类及化学品等液体货物的集装箱。它由罐体和箱体架两部分组成。这种集装箱结构特殊，是一种圆桶型的槽罐（有单罐和多罐两种），上下有进出口管（图7-12）。

图7-12　罐式集装箱

7）汽车集装箱（Car Container），是指专供运输小轿车的集装箱，有单层和双层两种，如图7-13所示。会出现双层的原因是小轿车的高度和标准集装箱的高度不一致：标准集装箱的高度一般为2.4m左右，而小轿车的高度一般为1.35~1.45m，将小轿车装在标准集装箱内，仅就高度而言，要浪费不少空间，而将集装箱设计成双层正是为了解决这个问题。双层汽车集装箱的高度有两种：3.2m和5.2m。

图 7-13 汽车集装箱

8）牲畜集装箱（Live Stock Container），是指专门用来运输活牲畜的集装箱。这种集装箱的箱壁是金属网，下方有清扫口和排水口，还附有饲料槽，如图 7-14 所示。

图 7-14 牲畜集装箱

（2）按集装箱的制造材料分。

按制箱所用的主体材料，集装箱可分为铝合金集装箱、钢制集装箱、纤维板集装箱、玻璃钢集装箱和不锈钢集装箱。

此外，集装箱还可以根据所有权的不同，划分为船公司箱、货主箱和出租箱。例如，按是否装有货物，集装箱可分为空箱（没有货物）和重箱（有货物）。

二、集装箱运输装载与交接

1. 集装箱货物的分类

（1）按适箱化程度分。

1）最适合集装箱化的货物。

最适合集装箱化的货物有服装、酒、药品、各种小型电器、光学仪器、家电产品、小五金等。

2）适合集装箱化的货物。

该类货物主要有纸浆、天花板、电线电缆、面粉、生皮、金属制品等。

3）边缘集装箱化的货物。

该类货物主要有生铁、原木等。

4）不适合集装箱化的货物。

该类货物主要有废旧钢铁、大型卡车、桥梁、铁塔、发电机等。

（2）按是否装满整个集装箱分。

1）整箱货（FCL）。

整箱货装箱是指由托运人或其货运代理人办理货物出口报关手续，在海关人员的监装下自行装箱，施加承运人或其代理人的集装箱货运站铅封和海关关封的货物。托运人或其货运代理人缮制装箱单并在装箱单上标明装卸地点、提单号、集装箱号、铅封号、重量、件数、尺码等。

2）拼箱货（LCL）。

拼箱货装箱是指由货运代理人将多个托运人的不足一整箱的零星货物集中起来交给集装箱货运站，由货运站负责接货，请海关派人员监装，将货物拼装成整箱并加以施封、制作装箱单的货物。

2. 集装箱交接

纵观当前国际上的做法，集装箱的交接方式大致分为以下四类。

（1）整箱交，整箱接（FCL/FCL）。

货主在工厂或仓库把装满货后的整箱交给承运人，收货人在目的地用同样的整箱接货，换言之，就是承运人以整箱为单位负责交接。

（2）拼箱交、拆箱接（LCL/LCL）。

货主将不足整箱的小票托运货物在集装箱货运站或内陆转运站交给承运人。由承运人负责拼箱和装箱运到目的地货站或内陆转运站，由承运人负责拆箱，拆箱后，收货人凭单接货。货物的装箱和拆箱均由承运人负责。

（3）整箱交，拆箱接（FCL/LCL）。

货主在工厂或仓库把装满货后的整箱交给承运人，再由承运人在目的地的集装箱货运站或内陆转运站中负责拆箱，然后各收货人凭单接货。

（4）拼箱交，整箱接（LCL/FCL）。

货主将不足整箱的小票托运货物在集装箱货运站或内陆转运站交给承运人。承运人对其进行分类调整，把同一收货人的货物集中拼装成整箱，待运到目的地后，承运人以整箱交，收货人以整箱接。

在上述各种交接方式中，以整箱交、整箱接的效果最好，也最能展现使用运输集装箱的优越性。

三、集装箱的交接地点

集装箱货物的交接地点安排可以分为以下九种情况。

（1）"门至门"，即从发货人工厂或仓库至收货人工厂或仓库。

（2）"门至场"，即从发货人工厂或仓库至目的地或卸箱港的集装箱堆场。

（3）"门至站"，即从发货人工厂或仓库至目的地或卸箱港的集装箱货运站。

（4）"场至门"，即从起运地或装箱港的集装箱堆场至收货人工厂或仓库。

（5）"场至场"，即从起运地或装箱港的集装箱堆场至目的地或卸箱港的集装箱堆场。

（6）"场至站"，即从起运地或装箱港的集装箱堆场至目的地或卸箱港的集装箱货运站。

（7）"站至门"，即从起运地或装箱港的集装箱货运站至收货人工厂或仓库。

（8）"站至场"，即从起运地或装箱港的集装箱货运站至目的地或卸箱港的集装箱堆场。

（9）"站至站"，即从起运地或装箱港的集装箱货运站至目的地或卸箱港的集装箱货运站。

四、计算运费

1. 件杂货基本费率和附加费

（1）基本费率：参照传统件杂货运价，以每计费吨为计算单位，多数航线上采用等级费率。

（2）附加费：除传统件杂货所收的常规附加费外，还要加收一些与集装箱货物运输有关的附加费，如滞期费、集装箱超期使用费等。

2. 包箱费率

包箱费率以每个集装箱为计费单位，常见的有以下三种表现形式。

（1）FAK 包箱费率，即对每一集装箱不细分箱内货类，不计货量（在一定限额之内）统一收取运价。

（2）FCS 包箱费率，指按不同货物等级制定不同的包箱费率。在这种费率下，拼箱货运费的计算与传统海上运输一样，即根据货物名称查得货物等级和计算标准，然后用相应的费率乘以计费吨，便可得出运费。

（3）FCB 包箱费率，这是按不同货物等级或货类以及计算标准制订的费率。

任务实施

步骤一：分析信息选择合适的集装箱

详见任务 2 的任务描述，此处不再赘述。

步骤二：分析常见的集装箱规格（表7-4）

表7-4 常见的集装箱规格

规格	长×宽×高/(m×m×m)	配货毛重/t	箱内容积/m³
20GP	内：5.898×2.350×2.390 外：6.058×2.438×2.591	23	33
40GP	内：12.031×2.350×2.390 外：12.192×2.438×2.591	27	67

步骤三：计算选箱选型

解：货物20 000件，每10件装一箱，共2 000箱。

1. 若使用20GP

长边可放：5.898/0.45＝13（个）

宽边可放：2.35/0.45＝5（个）

高边可放：2.39/0.58＝4（个）

共计可放：13×5×4＝260（个）

共计毛重：2.6t＜23t

2. 若使用40GP

长边可放：12.031/0.45＝26（个）

宽边可放：2.35/0.45＝5（个）

高边可放：2.39/0.58＝4（个）

共计可放：26×5×4＝520（个）

共计毛重：5.2t＜27t

根据价格，应优先使用大箱：2 000/520＝3余440；

剩余的44箱仅用1个20GP小箱装不下，应使用1个40GP大箱；

共计使用4个40GP大箱。

步骤四：选择集装箱箱型

横向比较，40GP集装箱的价格最低。

◎【做一做】

简述集装箱货物托运单的流程程序。

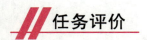

任务评价

任务评价见表7-5。

表 7-5 任务评价

被评考人			考评任务：操作集装箱货物运输			
考评步骤	考评内容及分值		自我评价（30%）	小组评议（40%）	教师评价（30%）	合计得分（100%）
步骤一	认识集装箱运输的概念及特点（40分）					
步骤二	了解集装箱运输的分类（30分）					
步骤三	清楚集装箱运输的运费计算（30分）					
综合评定						
考评标准	资料准备	知识掌握	语言表达	团队合作	沟通能力	合计得分
分值	20	30	20	15	15	
注：任务总评得分=考评步骤（70%）+综合评定（30%）			任务总评得分			

项目 8

办理运输保险及索赔

项目简介

在运输过程中，经常会发生无法预料的意外，从而造成损失。为了避免因这些意外损失而使买卖双方和有关利益方之间发生纠纷，可以采用购买保险的形式来规避风险。这样，在事故发生后，便可以通过索赔的形式挽回相应的经济损失，将风险和成本控制在最小范围内。

学习目标

知识目标：
- 掌握海、陆、空保险范围；
- 掌握保险费用的计算方法；
- 掌握索赔程序。

能力目标：
- 能够根据货物情况和需求确定应该购买的险种；
- 能够办理货运保险；
- 能够计算保险费用；
- 能够操作索赔程序。

素养目标：
- 具有居安思危和风险防控意识；
- 在办理业务的过程中，具有较强的成本意识、服务意识；

项目 8　办理运输保险及索赔

- 培养吃苦耐劳的工作态度和精益求精的工匠精神，在核算、计算保险费、索赔金额过程中时刻保持严谨细致的态度，多次核算，从而确保结果的准确性；
- 遵守法律法规，具有社会责任感。

任务 1　了解货物运输保险

任务介绍

通过本任务的学习和训练，学生应能了解与认识货物运输保险，了解其相关知识，具备风险防范能力和投保意识，有节约成本的意识，能够与客户进行有效沟通。

了解国际货运风险

任务描述

> 顺明物流公司承运了一批纸箱装干菜，从石家庄经天津港至德国汉堡港，货物的 CIF 价格为 3 万美元，客户要求加一成投保。顺明物流公司与中国人民保险公司有长期合作关系，与其他保险公司也有一些业务往来。经咨询，中国人民保险公司的一切险的保险费率为 0.5%（赠送战争险和罢工险），水渍险为 0.4%，平安险为 0.3%，每增加 1 项附加险，费率增加 0.01%，最高收取 0.08%，相较其他保险公司低 3%。顺明物流公司委托乌达运输公司承运石家庄至天津市，再到天津港的公路运输，由于途中遇到大雨，敞篷车辆漏水，导致 100 箱货物被雨水浸泡，其中 60% 的货物发霉，失去价值，并产生货物整理费 2 400 元。
>
> 任务要求：顺明物流公司的业务员应如何办理该笔业务中的运输保险业务？又应如何赔偿运输过程中的货物损失？

知识链接

货物运输保险是物流保险法律问题的主体部分，简称"货运险"，是指保险人按照保险合同规定的承保范围，对被保险人在运输途中的货物因遭遇保险事故而造成的损失和产生的责任，进行赔偿或支付保险金的一种保险。按照货物运输的范围，货物运输保险可分为国内货物运输保险和国际货物运输保险。按照运输方式，货物运输保险可分为海上货物运输保险、陆地货物运输保险、航空货物运输保险，以及邮包货物运输保险等。

一、海上货物运输保险

1. 海上货物运输的风险、损失与费用

货运保险

（1）海上货物运输的风险。

海上货物运输的风险又称为海难，一般是指船舶或货物在海上运输过程中发生的自然灾害或意外事故。

1）自然灾害，是指不以人的意志为转移的自然界力量所引起的灾害，在海上保险业务中，自然灾害并不泛指一切自然力量所造成的灾害，而是指包括恶劣气候、雷电、海啸、地震和火山爆发等人力不可抗拒的灾害。

2）意外事故，是指由于偶然的非意料中的原因所造成的事故。在海上保险业务中，意外事故也并不包括所有的海上意外事故，仅指搁浅、触礁、沉没、碰撞、火灾、爆炸和失踪等。

（2）海上货物运输的损失。

海上损失简称海损，是指被保险货物在海运过程中，由于海上风险所造成的损坏或灭失。

共同海损是指载货舱舶在海运途中遇到危及船、货的共同危险，船方为了维护船舶和货物的共同安全或使航程得以继续完成，有意并合理地作出的某些特殊牺牲或支出的特殊费用（图8-1）。

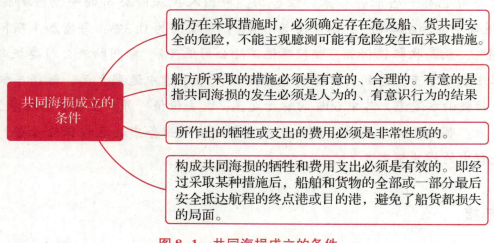

图8-1 共同海损成立的条件

（3）海上货物运输的费用。

保险人承担的费用是指保险标的发生保险事故后，为减少货物的实际损失而支出的合理费用，包括以下两种。

1）施救费用：是指在遭遇保险责任范围内的灾害事故时，被保险人或其代理人、雇佣人员和保险单证受让人等为抢救保险标的物，防止其损失扩大所采取的措施所支出的费用。

2）救助费用：是指保险标的物发生上述灾害事故时，由保险人和被保险人以外的第三者采取救助行为而产生的费用。

2. 我国海运货物保险险别

保险险别是指保险人对风险和损失的承保责任范围。在保险业务中，各种险别的承保责任是通过各种不同的保险条款规定的。

按照能否单独投保，我国货物运输保险险别可分为基本险和附加险两类。基本险可以单独投保，而附加险不能单独投保，只有在投保基本险的基础上才能加保。

（1）基本险别。

海上货物运险的基本险主要有三种，即平安险、水渍险和一切险，见表8-1。

表8-1　海上货物运输保险的基本险别

险别	责任大小	责任
平安险	最小	对自然灾害造成的全部损失和意外事故造成的全部和部分损失负赔偿责任，而对于自然灾害造成的部分损失，保险公司一般不负赔偿责任
水渍险	居中	凡因自然灾害和意外事故造成的全部和部分损失，保险公司均负责赔偿
一切险	最大	除包括平安险、水渍险的责任范围外，还包括被保险货物在运输途中，由于一般外来原因造成的全部或部分损失，如货物被盗窃、钩损、碰损、受发热、淡水雨淋、短量、包装破裂和提货不着等

（2）附加险。

海上货物运输保险附加险分为一般附加险、特别附加险和特殊附加险。

1）一般附加险。

一般附加险（表8-2）承保的是由于一般外来风险所造成的全部或部分损失，不能作为一个单独的项目投保，而只能在投保平安险或水渍险的基础上，根据货物的特性和需要加保一种或若干种一般附加险。

表8-2　一般附加险的险别

序号	险别	内容
1	偷窃、提货不着险（T.P.N.D）	在保险有效期内，对偷窃行为所致的损失和整件提货不着等损失，由保险公司负责赔偿
2	淡水雨淋险	承保货物在运输过程中，由于淡水、雨水和雪溶所造成的损失，保险公司都应负责赔偿。淡水包括船上淡水舱、水管漏水和汗湿等

续表

序号	险别	内容
3	短量险	承保货物数量短少和重量的损失，保险公司必须查清外包装是否发现异常现象，如破口、破袋、扯缝等，如属散装货物，往往将装船和卸船质量之间的差额作为计算短量的依据
4	混杂、玷污险	承保货物在运输过程中，混进了杂质所造成的损失。此外，承保货物因为和其他物质接触而被玷污所造成的损失
5	渗漏险	流质、半流质的液体物质和油类物质，在运输过程中因为容器损坏而引起的渗漏损失
6	碰损、破碎险	碰损主要对金属、木质等货物而言，破碎则主要对易碎性物质而言
7	串味险	承保货物在运输过程中因受其他物品的影响，发生串味所致的损失。通常易发生串味损失的货物有食品、茶叶、饮料、药材、香料等
8	受热、受潮险	本保险对承保货物在运输过程中因气温突然变化或由于船上的通风设备失灵而导致船舱内水汽凝结、发潮或发热所造成的损失，保险公司负责赔偿
9	钩损险	承保货物在装卸过程中因使用手钩、吊钩等工具而造成的损失
10	包装破裂险	因包装破裂而造成货物的短少、沾污等损失
11	锈损险	保险公司负责承险货物在运输过程中因生锈而造成的损失

2）特别附加险。

特别附加险（表8-3）包括交货不到险、进口关税险、舱面险、拒收险、黄曲霉素险、出口到港澳存舱火险。

表8-3　特别附加险险别

序号	险别	内容
1	交货不到险	对不论由于何种原因，从被保险货物装上船舶时开始，不能在预定抵达目的地的日期起6个月内交货的，保险公司负责按全损赔偿
2	进口关税险	当被保险货物遭受保险责任范围以内的损失，而被保险人仍须安以完好货物价值通关时，保险公司负责赔偿损失部分货物的进口关税
3	舱面险	当被保险货物存放于舱面时，除按保险单所载条款赔偿外，保险公司还要赔偿被抛弃或被风浪冲击落水货物的损失

续表

序号	险别	内容
4	拒收险	对在进口港被进口国的政府或有关当局拒绝进口或没收的被保险货物，按货物的保险价值进行赔偿
5	黄曲霉素险	对因所含黄曲霉素超过进口国的限制标准被拒绝进口的被保险货物，以及被没收或强制改变用途的货物进行赔偿
6	出口到港澳存舱火险	专门适用于出口到港澳地区且在中国香港或澳门地区的银行办理押汇的出口运输货物。当承保货物抵达中国香港或中国澳门卸离运输工具后，直接存放于保单载明的，过户银行指定的仓库时由于发生火险而产生的损失

3）特殊附加险。

特殊附加险包括战争险和罢工险（表8-4）。

表8-4 特殊附加险险别

序号	险别	内容
1	战争险	由于战争、类似战争行为和敌对行为、武装行为或海盗行为所直接导致的损失，以及由此引起的捕获拘留、扣留、禁止、扣押所导致的损失；各种常规武器（包括水雷、鱼雷、炸弹）所致的损失，以及由上述责任范围而造成的共同海损的牺牲，分摊和救助费用。不负责赔偿使用核武器造成的损失
2	罢工险	由于工人停工或参加工潮、暴动等因人员的行动或任何人的恶意行为所造成的直接损失。不赔偿的范围：罢工期间由于劳动力短缺或不能使用劳动力而导致的被保险货物的损失；由于罢工引起的动力或燃料缺乏使冷藏机停止工作而导致的冷藏货物的损失；由于无劳动力搬运货物使货物堆积在码头而导致的淋湿受损

3. 保险责任的起讫

保险责任的起讫主要采用"仓至仓"条款，即从保险责任自被保险货物远离保险单所载明的起运地仓库或储存处所开始，（包括正常运输中的海上、陆上、内河与驳船运输在内）直至该货物运抵保险单所载明的目的地收货人在当地的仓库或储存处所，或被保险人用作分配分派或非正常运输的其他储备处所为止，最长不超过被保险货物卸离海轮后的60天。

4. 除外责任

所谓除外保险责任是指保险公司明确规定不予承保的损失和费用。例如，保险公司对于下列损失不负责赔偿。

（1）被保险人的故意行为或过失所造成的损失。

（2）属于发货人的责任所引起的损失。

（3）在保险责任开始前，被保险货物已存在的由于品质不良或数量短差所造成的损失。

（4）被保险货物的自然损耗、本质缺陷、特性和市价跌落、运输延迟所引起的损失和费用。

（5）属于战争险和罢工险条款所规定的责任范围和除外责任。

二、陆上货物运输保险

1. 两个基本险别

（1）陆运险。

对被保险货物在运输途中遭受暴风、雷电、地震、洪水等自然灾害，或由于陆上运输工具遭受碰撞倾覆或出轨，包括驳运工具搁浅、触礁、沉没或由于遭受隧道坍塌、崖崩或火灾、爆炸等意外事故所造成的全部或部分损失，由保险公司负责赔偿。

（2）陆运一切险。

除包括上述陆运险的责任外，对在运输中由于外来原因造成的短少、短量、偷窃、渗漏、碰损、破碎、钩损、生锈、受潮、受热、发霉、串味、沾污等全部或部分损失，由保险公司负责赔偿责任。

在投保上述任何一种基本险别时，经过协商，还可以加保附加险。

2. 除外责任

与海上货物运输保险条款中的规定相同。

3. 责任起讫

责任起讫主要采用"仓至仓"条款。如货物未进仓，以到达最后卸载车站满60天为止。如加保了战争险，其责任起讫自货物装上火车时开始，至目的地卸离火车时为止。如果不卸离火车，从火车到达目的地的当日午夜起，满48小时为止。如果在中途转车，不论货物在当地卸载与否，以火车到达中途站的当日午夜起，满10天为止。如果货物在10天内重新装车续运，保险责任继续有效。

三、航空货物运输保险

1. 两个基本险别

（1）航空运输险。

对被保货物在运输途中遭受雷击、火灾、爆炸，或由于飞机遭受恶劣气候或其他危难事故而被抛弃，或由于飞机遭受碰撞、倾覆、坠落或失踪等意外事故的全部或部分损失，保险公司负责赔偿。

（2）航空运输一切险。

除包括上述航空运输险的责任外，保险公司还负责赔偿由于外来原因所造成的全部或部分损失。

在投保上述任何一种基本险别时，经过协商，还可以加保附加险。

2. 除外责任

与海洋货物运输保险条款中的规定相同。

3. 责任起讫

责任起讫主要采用"仓至仓"条款。货物如未进仓，以被保货物在最后卸载地卸离飞机后满30天为止。如加保了战争险，其责任起讫自被保货物装上飞机时开始，至目的地卸离飞机为止。如果货物不卸离飞机，则以飞机到达目的地的当日午夜满15天为止。如果在中途港转运，则以飞机到达转运地的当日午夜起，满15天为止，装上续运的飞机时保险责任继续有效。

四、保险金额计算

保险金额指保险人承担赔偿或者给付保险责任的最高限额，也是保险人计算保险费的基础。保险金额是根据保险价值确定的，而保险价值一般包括货价、运费、保险费和预期利润。

（1）确定保险价值；

（2）计算。

保险金额计算公式：

$$保险金额 = CIF（或CIP）价 \times (1+保险加成率)$$

在仅知道货价与运费（即已确定CFR或CPT）的情况下，CIF（或CIP）价可按下列公式计算：

$$CIF（CIP）价 = \frac{CFR（CPT）}{1-[保险费率 \times (1+投保加成率)]}$$

例如：一批出口货物的CTF价为25 800美元，现客户要求按CIF价加成20%投保海运一切险，我方同意照办。如果保险费率为1%，我方应向客户补收保险费多少？

解：CIF = FOB+运费+保险费 = CFR+保险费

即 CIF = 25 800 + CIF × (1+20%) × 1% 可解得

CIF = 25 800 ÷ (1−0.012) = 26 113.4（美元）

所以还应补收

26 113.4 − 25 800 = 313.4（美元）

任务实施

步骤一：分析任务1中的任务描述内容

步骤二：根据任务，选择保险种类

本任务的运输服务分为从石家庄到天津港的公路运输和从天津到德国汉堡的海洋运输，需要投保的险种需要包括这两个区段的两种运输方式。

海洋运输的责任起讫采用"仓至仓"条款，承保范围既包含海上运输，也包含公路运输区段，因此宜选择投保海洋运输货物保险。

步骤三：选择险别

（1）货物特性和运输风险分析。

本任务中的货物干菜属于干制农产品，怕雨易潮易串味，运输过程中的主要风险包括雨淋、短量、沾污、串味、受潮受热等，选择的险别必须覆盖上述风险和战争险及罢工险。一切险包含11种附加险，符合业务需要。但从成本节约的角度还可以在投保水渍险或平安险的基础上再加保淡水雨淋险、短量险、沾污险、串味险、受潮受热险5个一般附加险和战争险，以及罢工险，这也符合业务需要。由于平安险对意外事故引发的部分损失不予赔偿，故存在较大风险。

（2）保险费用比较。

一切险包含赠送的战争险和罢工险，费率为0.5%；水渍险基本费率为0.4%，加上5个一般附加险和战争险及罢工险的费率0.07%，总费率为0.47%；平安险基本费率为0.3%，加上附加险的费率0.07%，总费率为0.37%。

（3）险别确定。

由于平安险的风险较高，不建议选择。在加保5个附加险后，水渍险保险范围符合降低运输风险的要求，费率也低于一切险，故从成本方面考虑，选择投保水渍险加保5个附加险最为合理。

步骤四：确定承保人

由于本任务中的投保人与中国人民保险公司有良好的合作关系，保费比其他保险公司低3%，应该选择与中国人民保险公司合作，让其作为承保人。

项目 8　办理运输保险及索赔

步骤五：填写货物运输保险投保单（图 8-2）

货物运输保险投保单
APPLICATION FOR CARGO TRANSPORTATION INSURANCE

本投保单内容以中文为准。　　　　　　　　　　　　　　　投保单号：20150616935
The interpretation of this Application shall be subject to Chinese version.　　Application No.

注意： 请您仔细阅读投保单和所附保险条款，尤其是黑体字标注部分的条款内容，并听取保险公司相关人员的说明，如对保险公司相关人员的说明不明白或有异议的，请在填写本投保单之前向保险公司相关人员进行询问，如未询问，视同已经对条款内容完全理解并无异议。请您如实填写本投保单，您所填写的材料将构成签订保险合同的要约，成为保险人核保并签发保险单的依据。除双方另有约定外，保险人签发保险单且投保人向保险人缴清保险费后，保险人开始按约定的险种承保货物运输保险。

投保人 Applicant	W&M limited Co., Ltd.				
投保人地址 Applicant's Add	No.147# HeiYian Street the policy center of civil administration department the People'Republic of Germany			联系人 Contact	W&M limited Co., Ltd.
电话 Tel.	0791-8090888	传真 Fax.	0791-7080888	电子邮箱 E-mail	wmlimit@163.com
被保险人 Insured	W&M limited Co., Ltd.				
贸易合同号 Contract No.	20150616	信用证号 L/C No.		发票号 Invoice No.	stp015088
标　记 Marks & Nos.	包装及数量 Packing & quantity	保险货物项目 Description of goods	1、发票金额 Invoice value　USD 140000 2、加成 Value Plus About　10%　% 3、保险金额 Insured Value　USD 141701.42 4、费率（‰） Rate　0.045 5、保险费 Premium　USD 637		
As per Invoice No.stp015088	100 CARTONS	LADIES' 55% ACRYLIC 45% COTTON KNITTED BLOUSE			
装载运输工具 Name of the Carrier	S.S.　ZHELU　V. 031118SE	业务编号 Business No.	320800202016597	赔付地点 Claims Payable At	Germany
起运日期 Departure Date July.18th,2015		运输路线 Route	自 From Beijing	经 Via	到达（目的地） To(destination) Germany

包装方式：　1.散装　2.纸箱　3.罐装　4.木箱　5.编织袋　6.真空袋　7.桶装　8.裸装　9.苫布　10.其他方式：＿＿＿＿
装载方式：　1.普通集装箱　2.冷藏箱　3.拼箱　4.整船　5.舱面　6.其他方式：＿＿＿＿
货物项目：　1.精密仪器　　是□　否□　　2.旧货物　　是□　否□　（此二项投保人如未注明告知，则保险人以全新的、非精密货物承保）　　3.服龄：＿＿＿＿年建

承保条件
定 Conditions：　投保人可根据投保意向选择投保险别及条款，并划 √ 确认，但保险人承保的险别及适用条款以保险人最终确定并在保险单上列明的险种、条款为准。
进出口海洋运输：　☑一切险　□水渍险　□平安险　　　（平安《海洋运输货物保险条款》）
　　　　　　　　　□ICC（A）　□ICC（B）　□ICC（C）　（伦敦协会条款）
进出口航空运输：　□航空运输险　□航空运输一切险　　（平安《航空运输货物保险条款》）
进出口陆上运输：　□陆运险　□陆运一切险　　　　　　（平安《陆上运输货物保险条款》）
特殊附加险：　　　□战争险　□罢工险　　　　　　　　（□平安条款　□伦敦协会条款）
国内水陆运输：　　□基本险　□综合险　　　　　　　　（平安《国内水路、陆路货物运输保险条款》）
国内航空运输：　　□航空运输险　□航空运输一切险　　（平安《航空运输货物保险条款》）
是否放弃或部分放弃向承运人的追偿权利　□是　□否　（如果是，请详细说明）
其他承保条件：　　　　　　　　　　　　　　　　　　　　　　　　　　　　　　免赔额：
　　　　　　　　　　　　　　　　　　　　　　　　　　　　（免赔额的金额和比例以最终保险单为准）

特别约定 Special Conditions：

投保人声明：
1. 保险人已经就本投保单及所附的保险条款的内容，尤其是关于保险人免除责任的条款及投保人和被保险人义务条款向投保人作了明确说明，投保人对该保险条款及保险条件已完全了解，并同意接受保险条款和保险条件的约束。
2. 本投保单所填各项内容均属事实，同意以本投保单作为保险人签发保险单的依据。
3. 保险合同自保险单签发之日起成立。

　　　　　　　　　　　　　　　　　　　　投保人签字（盖章）　　　　　　　　日期

图 8-2　货物运输保险投保单

步骤六：缴纳保费

计算保险费用并向保险公司缴纳保险费。

计算：

保险金额＝CIF×（1+投保加成率）＝30 000×（1+10%）＝33 000（美元）

保险费＝保险金额×保险费率＝33 000×0.47%×（1-3%）＝150.447（美元）

◎【做一做】

某货运公司受货主委托，安排用海运的方式将一批茶叶送出口。货运公司在提取完船公司提供的集装箱后，将整箱货物交给船公司。同时，货主自行办理货物运输保险。收货人在目的港拆箱提货时，发现集装箱异味明显，经查明，该集装箱前一航次所载货物为精萘，导致茶叶受到精萘的污染。请问，收货人可以向谁索要赔偿，为什么？

任务评价

任务评价见表8-5。

表8-5 任务评价

被评考人			考评任务：了解运输保险			
考评步骤	考评内容及分值		自我评价（30%）	小组评议（40%）	教师评价（30%）	合计得分（100%）
步骤一	认识货物运输保险的概念（40分）					
步骤二	了解各类货物运输保险的特点（30分）					
步骤三	清楚各类货物运输的保险流程（30分）					
综合评定						
考评标准	资料准备	知识掌握	语言表达	团队合作	沟通能力	合计得分
分值	20	30	20	15	15	
注：任务总评得分＝考评步骤（70%）+综合评定（30%）				任务总评得分		

项目 8　办理运输保险及索赔

任务 2　处理索赔与投诉

任务介绍

通过本任务的学习和训练，学生应能掌握货物运输保险的索赔和理赔的时效和流程；能够计算索赔金额；具有良好的沟通能力、协调能力。

处理索赔与投诉

任务描述

详见任务 1 中的任务描述，此处不再赘述。

任务要求：对运输过程中发生的货物损失，相关公司应如何赔偿？

知识链接

一、保险索赔与理赔

保险索赔是指被保险货物遭受承保范围内的风险而受损时，被保险人依约要求保险人赔偿的行为。

被保险货物遭受保险范围内的损失后，被保险人要及时通知保险人，以便保险人或有关人员进行取证、检验，或者按照保险单的规定委托专门机构对货损、货差情况进行检验，出具检验报告，说明损失的程度及原因，由被保险人凭检验报告连同其他索赔资料直接向保险公司在当地的代理机构索赔。

理赔是指保险公司对被保险人提起的索赔进行处理的行为。

1. 明确保险索赔的时效

（1）海洋货物运输保险的索赔时效。

海洋货物运输保险的索赔时效从被保险货物在最后卸载港全部卸离海轮后起算，最多不超过 2 年。

（2）陆路货物运输保险的索赔时效。

陆路货物运输保险的索赔时效分为以下两种。保险运输投保人向保险人的索赔时效从被保险人保险财产遭受损失的当天起算，请求时效为 2 年。保价运输权利人向承运人索赔时效，从承运人交给托运人或收货人货运记录的次日起算，要求赔偿或退补费用的有效期为 180 日。

211

(3) 航空货物运输保险的索赔时效。

航空货物运输保险的索赔时效，从被保险货物在最后卸载地卸离飞机后起计算，最多不超过2年。

1) 货物损坏（包括短缺）属于明显可见的赔偿要求，应从发现时起立即提出，最多迟延至收到货物之日起14天内提出。

2) 货物运输延误的赔偿要求，在货物由收货人支配之日起的21天内提出。

3) 货物毁灭或遗失要求，应自填写货运单之日起的120天之内提出。发生任何异议时，均按上述规定期限向承运人以书面形式提出。除承运人有欺诈行为外，有权提取货物的人如果在规定时限内没有提出异议，将丧失对承运人诉讼的权利。

4) 对于提出索赔的货物，货运单的法律有效期为2年。

2. 确定损失

当货物在运输途中遭受损失时，被保险人（投保人或保险单受让人）可以向保险公司提出索赔，需要被保险人获悉货损后，立即通知保险公司或保单上指明的代理人。后者接到损失通知后，应采取相应的措施，如尽快申请对货损进行检验，在检验的同时，应会同保险公司及其代理人对受损货物采取相应的施救，如提出施救意见、整理措施等，从而避免损失的进一步扩大。检验完毕后，确定保险责任，取得检验报告，作为向保险公司索赔的重要单证。

（1）向承运人等有关方面提出索赔。被保险人除向保险公司报损外，还应向承运人及有关责任方（如海关、理货公司等）索取货损货差证明，对于属于承运人等方面责任的，应及时以书面方式提出索赔。

（2）采取合理的施救、整理措施。被保险人应采取必要的措施以防止损失的扩大，保险公司对此提出处理意见的，应按保险公司的要求办理。被保险人所支出的费用可由保险公司负责，但以与理赔金额之和不超过该批货物的保险金额为上限。

3. 确定保险责任

（1）保险公司的责任。

保险公司对发生在承保范围内的损失和费用负有赔偿责任。其承保范围由险种、险别、时限和免责事项等因素确定。

海洋货物运输保险公司的免责事项：①被保险人的故意行为或过失所造成的损失；②属于发货人责任所引起的损失；③在保险责任开始前，被保险货物已存在的品质不良或数量短差所造成的损失；④被保险货物的自然损耗、本质缺陷、特性和市价跌落、运输延迟所产生的损失或费用；战争险条款和罢工险条款规定的责任范围和除外责任。

（2）第三方责任。

对于明显由于第三方责任造成的损失，保险公司也负责赔偿，但被保险人有向承运人等

第三方要求赔偿的义务。被保险人向第三责任方发出的索偿函电或其他单证和文件，包括其答复文件，证明被保险人已经履行了追偿手续的义务，即维护了保险公司的追偿权利。

4. 收集证据

在货物损失发生后的处理过程中，要根据保险公司提出的索赔单证要求及时进行收集、核对与整理，索赔单证除正式的索赔函以外，应包括保险单证、运输单据、发票，以及检验报告、货损货差证明等，单证收集不全或者记录不符合要求会直接导致将来索赔无效。

5. 提出索赔

向承运人等第三者办妥保险货物的损失赔偿手续时，应将有关的单证备齐，填写货物运输保险索赔申请表，向保险公司或其他代理人提出赔偿请求。

6. 索赔单证的提交要求

保险公司通常要求被保险人提供以下单证或单据。

（1）保单或保险凭证正本：这是向保险公司索赔的基本证件，可证明保险公司承担保险责任及其范围，是保险公司理赔的依据之一。

（2）运输单据：如提单、运单等，这些单证能证明被保险货物的承运情况，如承运件数、运输路线、交运时的货物情况，以确定受损货物是否属于承保范围，还有在保险责任开始前的货物情况。

（3）发票：计算保险赔款金额的重要依据。

（4）装箱单、磅码单：证明保险货物装运时件数和净重的细节，是核对损失数量的依据。

（5）向承运人或有责任方请求赔偿的书面往来文件。

（6）检验报告：这是证明损失原因、损失程度、损失金额、残余物资价值及受损货物处理经过的证明，是确定保险责任和赔偿金额的主要证件。

（7）海事报告摘录或海事声明书：与保险公司确定海事责任的文件。

（8）货损货差证明：当货物抵达目的地后发生残损或短少时，由承运人或其代理人签发货损和货差证明。

（9）索赔清单：被保险人要求保险公司给付赔款的详细清单，应写明索取赔款数字的计算依据和有关费用的项目和用途。

二、计算赔偿金额

1. 货物发生全部损失

如果货物发生保险责任范围内的实际全损或推定全损，保险公司应以保险金额为限给予全额赔偿。如果货物的实际损失低于保险金额，保险公司应按价值赔偿，如果货物的实际价值高于保险金额，赔偿金额应以保险金额为限。

2. 货物发生部分损失

发生部分损失时，保险人应按以下情况分别赔偿。

（1）按数量计算损失时，计算公式为：

赔偿额＝保险金额×损失件数（重量）/赔偿承保总件数（总重量）

（2）按金额计算损失时，计算公式为：

赔偿额＝保险金额×贬值率＝保险金额×（货物完好价值－受损后价值）/货物完好价值

任务实施

步骤一：分析任务描述中的（211页）内容

步骤二：申报损失

在本任务中，收货人发现货损后，需要在第一时间告知保险人货物的损失情况，由于有60%的货物失去价值，此时应对剩余40%的货物采取相应的施救、保护措施，从而尽量减少损失。

步骤三：确定赔偿责任

先看看有无第三方责任人（本任务的第三方责任很明确），被保险人有义务向第三方提出赔偿，以便将来保险公司赔偿后取得代位求偿权，再依法向第三方追偿。

在本任务中，收货人应填制货物运输记录表，准确记录由于车辆漏水导致的货物被雨水浸泡损坏的事实，并要求承运人或驾驶员签字确认，以确定赔偿责任。

步骤四：收集证据

根据将来向保险人索赔时需要提交的单据要求着手收集相关证据。在本任务中，运输公司责任明确，应先取得承运人或驾驶员签字的货物运输记录表，确认事故责任。其次，要取得向第三方检验机构或保险代理人出具的货物检验报告，确定损失程度。再次，取得整理货物所产生的损失和费用的相关票据和证明材料。

步骤五：索赔

填写货物保险索赔申请表，向保险人索赔。

步骤六：提交索赔单证

按照保险人的要求提供索赔单证。本任务中的事故发生在公路运输阶段，未涉及海运，因此保险公司需要向保险人提供的单据有保单或保险凭证正本、公路运输合同、发票、装箱单、磅码单、检验报告、货物处置费用清单、货物运输记录表等。

步骤七：跟踪索赔进程

本任务涉及第三方责任人，因此保险公司需要将向第三方责任人索赔的权利转让给保险人，需向保险人查询索赔进展情况，还要解决保险人提出的临时要求，从而确保索赔的顺利进行。

步骤八：确定索赔金额

本任务中的货物为部分损失，损失金额需要按照部分损失计算方法来计算。由此而产生的货物整理费属于保险公司的赔偿范围，应列入赔偿金额。

本批货物共计500箱，保险金额为33 000美元，有100箱货物被雨水淋湿发霉，其中的60%失去价值，即损失了60箱，按照部分损失计算的赔偿金额为：

赔偿金额＝保险金额×贬值率＝保险金额×(货物完好价值－受损后价值)/货物完好价值

$\qquad$ ＝33 000×(60/500)＝3 960（美元）

已知货物整理费用为2 400元。

因此，货损事故索赔金额为：3 960美元货损费加上2 400元整理费。

步骤九：保险公司理赔

保险公司按赔偿金额支付赔偿款，完成理赔工作。

◎【做一做】

2022年3月3日，某运输集团与某保险公司签定了《国内货物运输预约保险协议》。该运输集团从青岛经公路向沈阳输送一整车海尔电器及电话，起运日期为2022年12月16日至2022年12月19日。在途经京沈高速盘锦效劳区时，负责运输海尔电器的鲁B××××牌号大货车与一车相撞，造成标的损失，且在停车查看的过程中致使八部电话丢失，遂立即向保险公司报案。2022年12月23日，负责运输海尔电冰箱的鲁B××××牌号大货车与所载货物返回沈阳要求查勘，经第二现场查勘得知情形如下：

运输车辆鲁B××××，装载在车辆后部的两台海尔BCD-196JWL电冰箱外包装破损。经拆箱检查发现，一台电冰箱右侧箱体破损了一个10cm×10cm的洞。另一台电冰箱左侧及后部箱体严重变形。电话丢失情况无法确认。为此，该运输集团向保险公司提出电冰箱损坏和电话丢失索赔19 460元。

分析：

本任务的核心在于，保险公司对电冰箱破损和电话丢失的保险责任应如何认定。

第一，依照某运输集团和某保险公司签订的国内货物运输预约保险协议书，确信承保险别为公路货物运输保险大体险，适用条款为公路货物运输保险条款。

第二，依照公路货物运输保险条款——保险责任第四条"因碰撞、挤压而造成货物破碎弯曲、凹瘪、折断、开裂的损失"，确信电冰箱破损属于保险责任。

第三，依照公路货物运输保险条款——责任免去第三条"盗窃或整件提货不着的损失"确信电话丢失不属于保险责任。

对于本任务，保险公司只需确信电冰箱的损失，并弄清公路货物运输保险条款和两边签订的国内货物运输预约保险协议书中的约定即可。因此，保险公司依照被保险人沈阳某运输集团提供的损失清单、发票等,进行了损失认定和补偿金额的确信。

结论:

保险公司依照出险缘故,通过现场查勘,并依照本案保险承保的凭证单,认定应赔偿电冰箱的损失。

一台海尔 BCD-196JWL 电冰箱破损报废损失金额为 3 460 元,

即损失金额=3 460 元。

一台海尔 BCD-196JWL 电冰箱破损报废尚有残值,每台按 400 元计,

即残值金额=2×400=800 元。

则:补偿金额=(标的损失-残值)×赔付比例-免赔金额
        =(3 460-800)×100%-0=2 660(元)

保险公司最终赔付沈阳某运输集团电冰箱损失金额 2 660 元。

任务评价

任务评价见表 8-6。

表 8-6 任务评价

被评考人			考评任务:处理索赔与投诉		
考评步骤	考评内容及分值	自我评价(30%)	小组评议(40%)	教师评价(30%)	合计得分(100%)
步骤一	认识货物运输保险索赔的概念(15 分)				
步骤二	了解索赔流程(25 分)				
步骤三	索赔金额计算(60 分)				
综合评定					
考评标准	资料准备	知识掌握	语言表达	团队合作	沟通能力	合计得分
分值	20	30	20	15	15	
注:任务总评得分=考评步骤(70%)+综合评定(30%)				任务总评得分		

参考文献

［1］侯彦明，任宗伟. 运输实务［M］. 北京：化学工业出版社，2016.
［2］贾铁刚. 运输实务［M］. 北京：电子工业出版社，2020.
［3］王爱霞. 物流运输实务［M］. 北京：机械工业出版社，2022.
［4］李佑珍. 运输管理实务［M］. 北京：高等教育出版社，2020.

参考文献

[1] 蔡自兴, 贺汉根, 陈虹. 未知环境中移动机器人导航控制理论与方法[M]. 北京: 科学出版社, 2016.
[2] 刘天姿. 智能移动小车制作. 北京: 中学生出版社, 2020.
[3] 郭鹏, 李小凡, 张晓辉. 工业机器人. 北京: 机械工业出版社, 2022.
[4] 陈伟, 黄廷磊. 单片机[M]. 北京: 电子工业出版社, 2020.